Die Deutsche Bibliothek - CIP-Einheitsaufnahme
Ottos Ottifanten.
-Kiel: Semmel-Verl.
Bd. 1 u.d.T.: Das Buch der Ottifanten
5. Ich nehme Knorpel-Gratinée! - 1992
ISBN 3-89460-031-4

1. Auflage 1992
Semmel Verlach
Winfried Bartnick
Werftbahnstr. 8
2300 Kiel 14

Verantwortlich für Inhalt und Gestaltung:
Otto Waalkes, Gunter Baars und Ully Arndt

Druck und Bindung: WDA, Brodersdorf

Printed in Germany

ISBN 3-89460-031-4

JUHU! ENDLICH FERIEN! DER LETZTE IM WASSER IST EIN FAULES EI!
8/12
PLATSCH
HOFFENTLICH IST ES NICHT ZU TIEF!
WIR HABEN GLÜCK! ES IST EIN NICHTSCHWIMMER-MEER!

JETZT LIEGST DU SCHON DREI STUNDEN DA! DU WIRST DIR NOCH EINEN SONNENBRAND HOLEN!
8/13
ICH UND SONNENBRAND? EIN KERL MIT 'NEM TEINT WIE MC HAMMER? LÄCHERLICH!
AAARG!

HIER, ALTER... CREME MIR MAL DEN RÜCKEN EIN!
8/14
ACH WAS? NAJA, WENN DU MEINST!
HONK WILL NICHT, DASS DIE KÜKEN SEHEN, WIE ER EINEN KERL BEFUMMELT!

AAAH... DA KOMMT DER KELLNER DER STRANDBAR! LASS **MICH** REDEN, MEIN ITALIENISCH IST BESSER!
8/15
ÄH... SIGNORE! DUE MÖHRCHENSAFT CON STROHHALM! ABER PRESTO!
NA, DU HOSENMATZ... SPIELST DU SCHÖN URLAUB?
WENN ER MIT DEN DRINKS KOMMT... GIB IHM KEIN TRINKGELD!

OH, NEIN! DAS DARF DOCH NICHT WAHR SEIN!
8/16
DA FÄHRT MAN METERWEIT IN DEN URLAUB... UND WEN TRIFFT MAN?
DIE TROTTEL AUS DER NACHBARSCHAFT!

LIEBE MUTTI! DER URLAUB IST GANZ GROSSE KLASSE!
8/17
ICH LÜMMEL MEISTENS AM STRAND RUM UND BELÄSTIGE ARGLOSE BIKINI-BRÄUTE!
HONK LÄSST SCHÖN GRÜSSEN! ER HAT SICH HEUTE FÜR EINEN TAUCHKURS EINGESCHRIEBEN!

KOMM SCHNELL! DA VORN IST NOCH EIN FREIES PLÄTZCHEN!
HAB' ICH DIR ZUVIEL VERSPROCHEN? IST DOCH EIN PRIMA STRAND!
ICH WETTE, GLEICH WIMMELT'S HIER VON BIKINI-MIEZEN!
91/7/28
WERD' MICH NOCHMAL 'NE RUNDE BRATEN LASSEN! DANN KRIEG' ICH 'NEN TEINT WIE MC HAMMER!
DU WILLST LIEBER BADEN? WARUM AUCH NICHT, DU BIST JA SCHON BRAUN!
PLATSCH
VIEL SPASS!
ABER SCHWIMM' NICHT ZU WEIT RAUS!

JAWOHL, HERR DIREKTOR! KEINE GEHALTSERHÖHUNG! ICH VERSTEHE, HERR DIREKTOR!
SIE HÄTTEN NICHT SO SCHNELL AUFGEBEN SOLLEN!
FRAU HOPPMANN! MÜSSEN SIE DENN ZU ALLEM IHRE RATSCHLÄGE GEBEN?
91/7/29
ICH KANN NICHT ANDERS! ICH BIN DIE ERIKA BERGER DES PUTZGEWERBES!

WOLLEN SIE WISSEN, WARUM IHRE KARRIERE AM TIEFPUNKT ANGELANGT IST?
WIESO "TIEFPUNKT"? ICH HAB' NUR KEINE GEHALTSERHÖHUNG BEKOMMEN!
SIE BRAUCHEN EINEN BERATER! JEMAND, DER IHR IMAGE AUFPOLIERT! DER SIE FIT MACHT FÜR DIE TRETMÜHLE DES BIG BUSINESS!
UND WER SOLL DAS SEIN?
91/7/30
NENN MICH "COACH" SÜSSER!
MEINE KARRIERE IST AM TIEFPUNKT ANGELANGT!

ICH... PUFF... ICH KANN NICHT MEHR! PUFF! PUFF!
DURCHHALTEN, CHAMP! NOCH ZEHN SEKUNDEN!
ICH WILL EINE GEHALTSERHÖHUNG! KEINE GOLDMEDAILLE!
WER KARRIERE MACHEN WILL, MUSS TOPFIT SEIN! ALSO KEIN ALKOHOL, KEINE ZIGARETTEN UND VOR ALLEM...
SCHLUSS MIT DEN WEIBERGESCHICHTEN!
91/7/31
ICH **HABE** KEINE WEIBERGESCHICHTEN!
IST DAS MEINE SCHULD? **SIE** WOLLTEN DOCH BEIM BETRIEBSFEST KEINEN LAMBADA MIT MIR TANZEN!

WER ERFOLG HABEN WILL, MUSS SEINE STANDPUNKTE DURCHSETZEN KÖNNEN! DESHALB MÖCHTE ICH, DASS SIE SICH DIESEN FILM ANSEHEN!
AUF WELCHEN SCHAUSPIELER SOLL ICH ACHTEN?
8/1
AAARG!
AUF DEN MIT DER KETTENSÄGE!
GLITSCH
SCHMATZ
BURPS!

IHR GRÖSSTES PROBLEM IST IHRE UNSICHERHEIT, BOMMEL! SPRECHEN SIE MIR NACH: "ICH BIN EINE DYNAMISCHE FÜHRUNGSKRAFT!
ICH BIN EINE DYNAMISCHE FÜHRUNGSKRAFT!
8/2
ICH BIN EIN MANN SCHNELLER ENTSCHEIDUNGEN!
ICH BIN EIN MANN SCHNELLER ENTSCHEIDUNGEN!
ICH PUMPE FRAU HOPPMANN ZEHN MARK!
VERGESSEN SIE'S!

DAS TRAINING IST BEENDET, CHAMP! JETZT IST ES ZEIT FÜR DEN GROSSEN SCHLAG! HOL DIR DIE GEHALTSERHÖHUNG, CHAMP!
WORAUF SIE GIFT NEHMEN KÖNNEN!
8/3
HERR DIREKTOR...
FALSCHE TÜR, CHAMP! FALSCHE TÜR!
RUMPEL

WIE OFT HAB' ICH DIR DAS GESAGT, HONK? ERST EINCREMEN, BEVOR DU IN'S WASSER GEHST!
DASS DU ABER AUCH NIE HÖREN KANNST!
8/4
WENN DU EINEN SONNENBRAND KRIEGST, DANN PELLT SICH DEIN FELL UND DAS GEJAMMER IST GROSS!
ACH, DU DICKES EI! JETZT HAB' ICH MICH VERGRIFFEN!
DAS WAR DIE MAYONNAISE!
IST MIR ABER WIRKLICH PEINLICH!
WÜHL
ICH WEISS DOCH, DU MAGST LIEBER KETCHUP!
PFFRÜTSCH

DIE FRAGEN IN DIESEN QUIZSHOWS SIND DOCH EIN WITZ! SO WAS BEANTWORTE ICH IN NULLKOMMANIX!
NATÜRLICH, VATER!
8/19
IST SOWIESO ALLES BETRUG!
NATÜRLICH, VATER!
SIEHST DU DEN DICKEN DA MIT DEM BILLIGEN TOUPET? DER HAT EINEN SPICKZETTEL!
DAS IST DER MODERATOR, VATER!

DU HAST WAS?
ICH HAB' UNS ALS KANDIDATEN BEI "GREIF DEN ZASTER" GEMELDET! WIR WERDEN EIN VERMÖGEN MACHEN!
8/20
STELLST DU DIR DAS NICHT EIN WENIG ZU LEICHT VOR?
HE, WIR SIND EIN TOLLES TEAM! ICH HABE DIE INTELLIGENZ, DIE ERFAHRUNG, DAS CHARISMA UND DU HAST... ÄH... DU HAST...
DU HAST EIN AUTO, DAS UNS HINBRINGT!
SEHR WITZIG!

WILLKOMMEN ZU EINER NEUEN FOLGE VON "GREIF DEN ZASTER" UNSERE HEUTIGEN KANDIDATEN SIND VATER UND SOHN...
PAUL BOMMEL IST ANGESTELLTER IN EINEM MITTELSTÄNDISCHEN BETRIEB!
GREIF DEN ZASTER
8/21
SEIN VATER WAR EISBÄRENJÄGER IN DER ANTARKTIS UND ASTRONAUT IM APOLLO-PROJEKT! HEUTE JOBBT ER ALS STUNTMAN IN RAMBO-FILMEN!
OKAY, DAS SPIEL BEGINNT! ES GEHT UM HUNDERTTAUSEND MARK!
DAVON IST DOCH KEIN WORT WAR, VATER!
DU MEINST... ES GEHT GAR NICHT UM HUNDERTTAUSEND MARK?

UNSERE ERSTE FRAGE LAUTET: "WIE HEISST DIE HAUPTSTADT VON GAMBIA?"
DAS WEISS ICH! BOGOBOGO!
GREIF DEN ZASTER
8/22
JA, DAS IST MEIN PARTNER, LEUTE! WIR GEHÖREN ZUSAMMEN! DIESER GOLDJUNGE IST MEIN SOHN!
DIE ANTWORT WAR FALSCH!
ER IST NUR ADOPTIERT!

DIE KANDIDATEN HABEN 4000 MARK AUF DEM KONTO! STEIGEN SIE AUS ODER RISKIEREN SIE DAS GELD IM SUPERSPIEL?
WIR STEIGEN AUS! WIR NEHMEN DAS GELD! DAS IST EINE SICHERE SACHE! OKAY?
OKAY!
GREIF DEN ZASTER
8/23
WIR RISKIEREN ALLES!
VATER!
HE... ICH BIN 90! DA HÖRT MAN SCHON MAL SCHLECHT!

IST DAS NICHT AUFREGEND? VATI UND OPA SIND IM FINALE EINER QUIZ-SHOW! NOCH EINE RICHTIGE ANTWORT UND VATI GEWINNT HUNDERTTAUSEND MARK!
DAS PACKT DER NIE!
8/24
ES GEHT LOS! DER MODERATOR STELLT DIE FRAGE! VATI LACHT! VATI ANTWORTET...
WARUM SCHLÄGT OPA IHN MIT DEM MIKROPHON?
WEIL ER'S NICHT GEPACKT HAT!

IRGENDWO MITTEN IM OZEAN. DREI TAGE UND NÄCHTE TOBTE EIN FURCHTBARER STURM...
UND ALS DER WIND SICH ENDLICH LEGTE...
TAUSEND BUDDELN RUM NOCHMAL!
SIEHT AUS, ALS WÄRE DIES DAS ENDE, STEUERMANN!
9/7/21
BEI NEPTUNS BART! WAS IST DENN DAS FÜR EIN DING?
PLOP?
PLOP
HO!
HA!
SCHLURP
HUNDERTTAUSEND KLABAUTERMÄNNER!
OH, NEIN! HAST DU ETWA WIEDER DEN STÖPSEL AUS DER WANNE GEZOGEN?
ES GESCHAH ZUR RETTUNG DER MANNSCHAFT, MAJESTÄT!

AH, BOMMEL... GUT, DASS ICH SIE TREFFE! SIE BEKOMMEN MORGEN EINEN NEUEN KOLLEGEN IN DIE ABTEILUNG!
ALLES KLAR, CHEF!
9/2
ICH WERDE IHN MAL SO RICHTIG RANNEHMEN! IHM ALLES BEIBRINGEN, WAS ICH KANN!
ÄH... WAS GENAU KÖNNEN SIE DENN?

ALSO GUT, HERR WIMMERLING! ALS ERSTES ZEIGE ICH IHNEN MAL IHREN ARBEITSPLATZ!
9/4
MANN, SO EIN SCHICKES BÜRO HATTE ICH NOCH NIE! SO GERÄUMIG UND DIE SCHLICHTE ELEGANZ!
DAS IST DER FAHRSTUHL!
ACH?

WAS HABEN SIE EIGENTLICH GEMACHT, BEVOR SIE BEI UNS ANGEFANGEN HABEN?
NAJA, WAS MAN ALS JUNGER MANN SO TUT...
KAFFEE
10/2
IMMER HINTER DEN HÜHNERN HER... UND AM WOCHENENDE DIE SAU RAUSLASSEN!
VON EINEM SCHUPPEN IN DEN ANDEREN, WAS?
KAFFEE
OCH... SO VIELE SCHUPPEN HATTEN WIR NICHT! DER BAUERNHOF WAR ZIEMLICH KLEIN!
KAFFEE

HE, BOMMEL... WIE MAN HÖRT, HABEN SIE EINEN NEUEN KOLLEGEN!
HÖREN SIE BLOSS AUF!
9/30
ES IST WEISS GOTT NICHT LEICHT, MIT EINEM SCHWACHKOPF ZU ARBEITEN!
NA JA, ER WIRD SICH SCHON DRAN GEWÖHNEN!

HM... DAS SIEHT ABER LECKER AUS, HERR KOLLEGE! WAS IST DAS?
KANTINE
9/6
SCHWEIN!
KANTINE
HERRJE, MAN WIRD JA NOCH FRAGEN DÜRFEN!
KANTINE

HERR DIREKTOR, ICH MUSS MICH BESCHWEREN!
9/7
DER NEUE KOLLEGE, DEN SIE MIR ZUGETEILT HABEN, DAS IST WIRKLICH DIE GRÖSSTE...
ER IST MEIN NEFFE!
...VERSTÄRKUNG, DIE ICH MIR NUR WÜNSCHEN KONNTE!
DAS FREUT MICH ABER!

SCHÄMT IHR EUCH NICHT, SOLCH' BARBARISCHEN SPORT AN-ZUSEHEN?
DAS IST TENNIS, VATER! DAS IST DOCH NICHT BARBARISCH!
ACH JA? DANN HÖRT MAL GUT ZU! ES WAR 1925 UND ICH STAND ZUM DRITTEN MAL HIN-TEREINANDER IM FINALE VON WIMBLEDON!
ICH HATTE MATCHBALL! NATÜRLICH! ICH HÖRTE SCHON DAS RASCHELN DES PREISGELDES!
8/11
ALS PLÖTZLICH...
HALT! NEIN! BITTE NICHT MEHR SCHLAGEN!
ICH ERTRAGE ES NICHT LÄNGER! SEIT TAGEN PRÜGELT MAN AUF UNS EIN! MEIN BRUDER STARB BEI EINEM VOLLEY! MEIN SCHWAGER ENDETE ALS SCHMETTER-BALL! ICH BIN DER LETZTE ÜBERLEBEN-DE!
TJA, ALSO... DAS WUSSTE ICH NICHT! DAHINTEN IST EIN LOCH IM ZAUN. HAU SCHNELL AB, BEVOR DICH MEIN GEGNER ERWISCHT!
WIRKLICH?
DANKE! DANKE! ENDLICH WERDE ICH FRAU UND KINDER WIEDERSEHEN!
BUHUUU!
BÖSER BORIS!

SIE WÜNSCHEN, BITTE?
WAS IST LOS, TIGER? ERKENNST DU DEINEN KUMPEL PINKY NICHT MEHR!
9/9
NA, KLAR! PINKY! ALTER JUNGE! EWIG NICHT GESEHEN!
GROSCHEN GEFALLEN, WAS? WARST SCHON IMMER LANGSAM IM KOPF!
WO GEHT'S ZUR KÜCHE, TIGER? ICH WILL WAS MAMPFEN!
WER IST DAS?

MENSCH, TIGER! WER IST DENN DER ALTE SACK?
... DAS IST... ÄH ... MEIN VATER!
9/10
DU LÄSST DEINEN VATER BEI DIR WOHNEN? SCHÖN DOOF, TIGER! WO'S DOCH ÜBERALL HEIME GIBT!
ES TUT MIR LEID, VATER! WIRKLICH!
SCHON GUT! ABER WER IST DER ALTE SACK, VON DEM ER IMMER SPRICHT?

LALA LALALA
9/11
MAHLZEIT!
IIIIIH!
SIE KÖNNEN DOCH NICHT ZU MIR IN DIE DUSCHE KOMMEN! WAS DENKEN SIE EIGENTLICH?
ALSO... MOMENTAN DENKE ICH, ICH BIN IM NILPFERD-BECKEN!

ALSO, TIGER... ICH HÄTTE NICHT ÜBEL LUST, DICH ZU VERKLAGEN!
WAS? WIESO DENN?
9/12
DU LÄSST EINFACH DIE AUTO-SCHLÜSSEL AUF DER KOMMODE LIEGEN UND VERLEITEST MICH SO, MIR DEN WAGEN ZU LEIHEN... SAGST ABER KEINEN TON, DASS DIE KARRE SERVOLENKUNG HAT!
ICH HÄTTE MIR BEI DEM UNFALL MIT DEM LASTER WER WEISS WAS BRECHEN KÖNNEN!

RING!
DAS IST FÜR MICH!
9/13
ACH JA? SIE MICH AUCH!
ICH MUSS SCHON SAGEN, TIGER! GANZ SCHÖN DREIST VON DEINEM BOSS, MEIN MITTAGS-SCHLÄFCHEN ZU STÖREN!

DARAUF ICH ZUR NONNE: "ICH HAB' AUCH 'NE FLÖTE, ABER DIE IST GARANTIERT NICHT AUS HOLZ!" HAHAHA!
9/14
OKAY! DAS REICHT! ICH ERTRAGE DIESES STINKTIER KEINE SEKUNDE LÄNGER!
DAS HÄTTEST DU DIR ÜBERLEGEN MÜSSEN, BEVOR DU IHN HEIRATEST!

IST DAS NICHT PUTZIG, WIE KLEIN-BRUNO MIT DEN BAUKLÖTZEN SPIELT?
BESTIMMT WIRD ER MAL EIN BERÜHMTER ARCHITEKT!
DAS GLAUBE ICH KAUM! ICH STREBE EHER EINE KARRIERE IM BIG BUISINESS AN!
ICH WERDE EIN KNALLHARTER MANAGER...
8/25
DER ZUCKERGEHALT UNSERER GUMMIBÄRCHEN IST UM 20 PROZENT GESUNKEN, MEINE HERREN! DAS IST EIN SKANDAL!
JAWOHL, HERR BOMMEL!
JAWOHL HERR BOMMEL!
UND DIE FARBSTOFFE? WO SIND DIE SCHÖNEN FARBSTOFFE GEBLIEBEN? SO GEHT DAS DOCH NICHT!
JAWOHL, HERR BOMMEL!
ENTSCHULDIGE DIE STÖRUNG, BRUNO....
SUSI... BABY! ZUM LETZTEN MAL! DU SOLLST VOR DEN KOLLEGEN NICHT BRUNO ZU MIR SAGEN!
WIE SIE MEINEN, **HERR BOMMEL**! SIE SOLLEN JEDENFALLS SOFORT ZUM CHEF KOMMEN!
ZUM CHEF? DAS IST DAS ENDE! ER HAT BESTIMMT GEMERKT, DASS ICH ZWEI SCHOKORIEGEL VERUNTREUT HABE!
BOSS
SIE... SIE HABEN MICH RUFEN LASSEN, HERR DIREKTOR?
UMSATZ
BRUMM!

SCHAU, WAS ICH AUF DEM DACHBODEN GEFUNDEN HABE: MEINE ALTE ZEITMASCHINE!
ALSO...DAS IST JA WOHL DIE HÖHE!
4/27
DU GLAUBST, NUR WEIL WIR KLEIN SIND, KANNST DU UNS **ALLES** ERZÄHLEN! ABER WIR SIND SCHLAUER, ALS DU DENKST! UNSER HAUS **HAT** NÄMLICH GAR KEINEN DACHBODEN!
DAS BEDEUTET... DU HATTEST DIESE ZEITMASCHINE IM **KELLER** VERSTECKT!

DU GLAUBST WOHL NICHT, DASS DIESE ZEITMASCHINE FUNKTIONIERT!
ABER ICH HABE SIE SELBST **AUS**PROBIERT!
4/28
UND **DAS** HABE ICH AUS DER STEINZEIT MITGEBRACHT!
ES IST DAS FELL EINES MAMMUTS!
DAS WIRD DIE WISSENSCHAFT INTERESSIEREN ...MAMMUTS WAREN BABYROSA MIT HELLBLAUEN FRANSEN!

ALLES EINSTEIGEN! WIR STARTEN ZU EINER REISE DURCH DIE ZEIT!
WOW!
4/29
RÜTTEL RÜTTEL
STEWARDESS... BITTE REICHEN SIE DIE KOTZTÜTEN!

ICH KANN'S NOCH GAR NICHT FASSEN, HONK! OPA HAT UNS EINE ECHTE ZEIT-MASCHINE GESCHENKT!
4/30
ALSO LOS, ALTER JUNGE ... DIE GESCHICHTE STEHT UNS OFFEN! REISEN WIR IN DIE ZEIT DER ALTEN GRIECHEN ODER IN DIE ZEIT DER SEERÄUBER ODER...
HE, ICH WEISS!
WIR REISEN NACH GESTERN ABEND! DA GAB'S 'NEN HORRORFILM, DEN WIR VERPASST HABEN!

WOHIN HAT ES DIE TAPFEREN ZEIT-REISENDEN DIESMAL VERSCHLAGEN? IN DAS SAGEN-HAFTE BAGDAD? IN DAS PRÄCHTIGE ROM JULIUS CÄSARS?
5/2
OH, NEIN! WIR SIND IN DER STEINZEIT GELANDET!
DA IST EIN NEANDERTALER!

UND IHR WOLLT WIRKLICH NICHT AN MEINER HASENPFOTE REIBEN?
NEIN, DAS WOLLEN WIR NICHT! WIR WOLLEN DAS GROSSE POKALSPIEL SEHEN! ES FÄNGT GLEICH AN!
WAS IST DAS EIGENTLICH FÜR EIN LÄCHERLICHER AUFZUG?
NUR ZUR SICHERHEIT! SCHLIESSLICH IST HEUTE SONNTAG DER 15.!
DAS WAR IMMER DER SCHWÄRZESTE TAG DER FAMILIE BOMMEL! AN EINEM SONNTAG, DEN 15. VERUNGLÜCKTE VETTER FRANZ BEIM KÜRBISJONGLIEREN!
AN EINEM SONNTAG, DEN 15. KREUZTE ONKEL RUPERT SECHS RICHTIGE IM LOTTO AN... GAB, ABER DEN SCHEIN BEIM SCHLACHTER AB!
?
UND ES WAR AUCH SONNTAG, DER 15., ALS COUSIN JOCKEL DAS TELEFON ERFAND... LEIDER 80 JAHRE ZU SPÄT!
SONNTAG, DER 15. EIN UNGLÜCKSTAG? DAS IST WIRKLICH DIE BLÖDESTE GESCHICHTE, DIE DU JE....
WIR SCHALTEN NUN UM IN'S OLYMPIASTADION ZUM.... KNACKS... GROSSEN... KRACKS.... POKAL...
PUFF
WOLLT IHR AN MEINER HASENPFOTE REIBEN?
WAAAH

ABT. TOTGELACHT

HALT EIN, GEFÄHRTE!
WAS?
8/5
LASS AB VON DEINEM DUNKLEN PLAN, WARST MEIN FREUND VON ANFANG AN! UND WIRST ES SEIN AUF ALLE ZEIT!
DAS IST ABER LIEB! ICH... ICH WUSSTE NICHT, DASS DU SO FÜR MICH...
HAT'S DIR GEFALLEN? UNSERE LAIENSPIELGRUPPE GIBT HEUTE ABEND SHAKESPEARE IM KREMATORIUM!

MIT DIR ZU REDEN IST WIRKLICH DEPRIMIEREND! IMMER NUR SEUCHEN, LEICHEN UND SO! ES GIBT DOCH AUCH HEITERE DINGE IM LEBEN!
ZUM BEISPIEL?
8/6
MUSIK! FEIERN! REISEN! ERZÄHL DOCH MAL... WO WARST DU DIESES JAHR IM URLAUB?
AM TOTEN MEER!
VERGISS ES!

WEISST DU, ICH WAR AUCH NICHT IMMER TOD!
WAS DU NICHT SAGST!
8/7
FRÜHER HATTE ICH EINEN GANZ BÜRGERLICHEN BERUF!
DAS WAR SICHER 'NE GROSSE UMSTELLUNG... VOM NORMALBÜRGER ZUM SCHRECKEN DER MENSCHHEIT!
EIGENTLICH NICHT! ICH WAR FINANZBEAMTER!

WAS SCHAUST DU DENN STÄNDIG AUF DIE UHR? KANNST WOHL GAR NICHT ERWARTEN, DASS ICH SPRINGE!
NEIN, NEIN!
8/9
ICH WARTE NUR AUF JEMANDEN! AH... DA KOMMT ER SCHON!
WER KOMMT? LU... LUZIFER, DER FÜRST DER FINSTERNIS?
NEIN, MEIN NEFFE! ER IST NEU IM GESCHÄFT UND SOLL MIR BEI DER ARBEIT EIN WENIG ÜBER DIE SENSE SCHAUEN!

WO SIND DEINE MANIEREN, NEFFE? SAG "GUTEN TAG" ZU DEM HERRN, SO LANGE ES NOCH GEHT!
TAG!
SEHR ERFREUT!
8/10
WIE LANGE MÜSSEN WIR DENN JETZT WARTEN, ONKEL?
DAS KANN DAUERN! DIESER KLIENT IST SEHR UNENTSCHLOSSEN! STEHT SCHON ZWEI JAHRE HIER OBEN!
UND WENN WIR IHN SCHUBSEN?
HAHA! SO SIND DIE JUNGEN KERLS! EINEN TAG IM GESCHÄFT... UND SCHON VOLLER GUTER IDEEN!

HIER IST WIEDER DIE SENDUNG "TRETAUTO, MOTOR UND SPORT"! UNSER HEUTIGES THEMA: "DER MINI GOLF GTI ... SPIELZEUG FÜR DIE OBERKLASSE ODER VERNUNFTMODELL FÜR DEN MITTELSTAND?"
VERGESSEN WIR DOCH MAL DIE RASANTE FORM UND DAS ATEMBERAUBENDE STYLING UND WERFEN EINEN BLICK IN DEN MOTORRAUM ....
JA, DIESE TECHNIK LÄSST DAS HERZ EINES JEDEN SPORTWAGENFAHRERS HÖHERSCHLAGEN! EIN ÜBERZEUGENDES MOTORKONZEPT...
...DAS DIESES GESCHOSS IN WENIGER ALS EINER MINUTE AUF SEINE HÖCHSTGESCHWINDIGKEIT VON 4 STUNDENKILOMETERN KATAPULTIERT!
INSGESAMT IST DER MINI-GOLF GTI SEHR GERÄUMIG! DER KOFFERRAUM FASST DREI SCHOKORIEGEL UND AUF DEM RÜCKSITZ HAT EIN AUSGEWACHSENER GRIZZLY PLATZ!
SITZE UND LENKUNG SIND AUS ECHTEM KUNSTSTOFF! DIE ARMATUREN... JA, ÜBERSICHTLICH ANGEORDNET! MAN KANN SIE GUT LESEN... WENN MAN LESEN KANN!
UND ZUM SCHLUSS DER KNÜLLER!
PUST PUST PUST
AIRBAG SERIENMÄSSIG!

DIESER FLITZER GEHÖRT IHNEN, HERR ZAPF... WENN SIE MIR SAGEN, WAS ER KOSTET!
BESTIMMT EINE GANZE MENGE!
DER PREIS IST HEISS
10/14
MOMENT... DA MUSS ICH ERST DIE REGIE FRAGEN!
JAWOHL... "EINE GANZE MENGE" IST RICHTIG!

UND HIER KOMMT UNSER NÄCHSTER KANDIDAT! HERR PLATSCH AUS... ÄH... AUS DÜSSELDORF?
NEIN!
10/15
HANNOVER?
NEIN!
MAINZ?
AUCH NICHT!
BONN?
BEDAURE!
TUT MIR LEID, DIE ZEIT IST UM! DER NÄCHSTE SHOWMASTER BITTE!

SIE MÜSSEN HERR SCHÖNEWETTER SEIN, DER GEWINNER DES GROSSEN ZUSCHAUERSPIELS!
DER PREIS IST HEISS
10/16
MEIN GOTT, WAS FÜR TOLLE PREISE SIE BEKOMMEN! EIN HAUS MIT SWIMMINGPOOL, EINEN FERRARI, URLAUB IN DER SÜDSEE...
DER PREIS IST EISS
ABER WARUM WEINEN SIE DENN?
WEIL ICH NICHT HERR SCHÖNEWETTER BIN! ICH BIN DER TECHNIKER UND SOLL IHR MIKRO RICHTEN!

WIR KOMMEN NUN ZUR BONUS-RUNDE! UNSER NÄCHSTER KANDIDAT IST HERR ... ÄH ... HERR ....
10/17
OH! HOPPLA! ICH KANN IHR NAMENSSCHILD NICHT LESEN!
ACH WAS?
UND SIE HABEN TROTZDEM DIESEN JOB BEKOMMEN?

UNSER HEUTIGER SONDERPREIS IST EINE RUNDE SCHLAMMCATCHEN MIT MISS WUPPERTAL! ES GEWINNT DER KANDIDAT, DESSEN NAME MIT "P" BEGINNT!
10/18
ALSO, MEINE HERREN ... WIE HEISSEN SIE?
PERNHARD!
PODO!
PALDEMAR!

NUN ZU UNSEREM LUSTIGEN TELEFONSPIEL! ICH WÄHLE MIT GESCHLOSSENEN AUGEN EINE BELIEBIGE NUMMER...
10/19
HALLO? HALLO! GRATULIERE! SIE HABEN EBEN HUNDERTTAUSEND MARK GEWONNEN!
NEIN, WAS FÜR EINE ÜBERRASCHUNG! DA FREUE ICH MICH ABER!
UND DENK DRAN! UM PUNKT ACHT GIBT'S ABENDBROT!
NICHT JETZT, MUTTER!

MANN, HAB' ICH 'NEN KOHL-DAMPF! WIE WAR NOCH GLEICH DIE NUMMER VOM PIZZA-SERVICE?
374819? BIST DU SICHER?
JA, BITTE?
BRABBA... DUDU... RABBADA!
HALLO? WER IST DA? ICH VERSTEHE SIE NICHT!
DABBA... BUBBEL ... BOBBEL...
MERKWÜRDIG! SO EIN BRABBELN! KLINGT, ALS WENN JEMAND GEFESSELT UND GEKNEBELT NEBEN DEM TELEFON LIEGT!
9/15
DADU.. BRABBEL ...DABBEL DU...
VERDAMMT! DIESER PIZZA-BÄCKER VERSTEHT MICH NICHT!
RABÄÄH
TEUFEL! DA WIRD EINER UMGEBRACHT!
ICH HAB' DEN ANRUF ZURÜCK-VERFOLGT! HIER IST DIE ADRESSE!
WAS IST DENN LOS? WAS WOLLEN SIE ÜBERHAUPT?
RUHE! DIE FRAGEN STELLEN WIR!
WEISST DU WAS, HONK? DANN BE-STELLEN WIR EBEN BEIM CHINESEN!
POLIZEI

CHICAGO 1928! GAMASCHEN-BRUNO, DER BERÜCHTIGTE GANGSTERBOSS, HAT INFORMATIONEN, DASS EIN GROSSER GUMMIBÄRCHEN-TRANSPORT UNTERWEGS IST!
10/21
UND ICH WEISS AUCH SCHON, WER IHN MIT MIR ÜBERFALLEN WIRD!
TEUFEL, DAS HATTE ICH VERGESSEN! ZAHNSTOCHER-HONK SITZT JA NOCH WEGEN OBSZÖNER PIZZA-BESTELLUNGEN!

AUF DER SUCHE NACH EINEM PARTNER FÜR DEN GROSSEN GUMMIBÄRCHEN-RAUB DURCHSTREIFT GAMASCHEN-BRUNO DIE DUNKELSTEN SPIELPLÄTZE DER STADT!
10/22
SWEET SUSI GIBT IHM SCHLIESSLICH DEN TIP, WO ER SEINEN MANN FINDEN WÜRDE...
NARBEN-NORBERT, EIN STADTBEKANNTER MÖHRCHENSAFT-SCHMUGGLER UND NEGERKUSS-SCHÄNDER!

GUMMIBÄRCHEN ZU RAUBEN IST KEIN ZUCKERSCHLECKEN!
ICH HOFFE, DU HAST 'NE WUMME DABEI!
10/23
DONNERWETTER! EINE WATER PPK, KALIBER 200 MILLILITER!
DER ROLLS ROYCE UNTER DEN WASSERPISTOLEN!

DER GUMMIBÄRCHEN-TRANSPORT WIRD BALD HIER SEIN! DU GEHST JETZT ZUR HAUSTÜR, BEOBACHTEST DEN VORGARTEN UND PFEIFST WENN SICH WAS RÜHRT!
10/24
KOORDINATION IST BEI EINEM RAUBÜBERFALL ALLES! SO WIE ICH DIE SACHE GEPLANT HABE, KANN ÜBERHAUPT NICHTS SCHIEF GEHEN!
SEHEN SIE? EXAKT IN DIESER SEKUNDE HAT NORBERT SEINEN POSTEN BEZOGEN!

WIR DÜRFEN DEN GUMMIBÄRCHEN-TRANSPORT AUF KEINEN FALL VERPASSEN! ALSO UHRENVERGLEICH! WIE SPÄT HAST DU ES?
10/25
BRABBEL DABBEL DU!
VERDAMMT, BEI MIR IST ES SCHON BRABBEL DABBEL BÄH!

DA KOMMT DER GUMMIBÄRCHEN-TRANSPORT! NUR EIN WÄCHTER, DAS WIRD EIN KINDERSPIEL!
10/26
HÄNDE HOCH ODER ICH SPRITZE!
ZWEI STUNDEN KNAST OHNE BEWÄHRUNG! WENN ICH HIER RAUSKOMME, LASSE ICH DIE FINGER VON RAUBÜBERFÄLLEN UND FÄLSCHE WIEDER SALMILOLLIS!

HE, HOSENSCHEISSER! WAS'N DAS FÜR'N FELLKNÄUEL, DAS DU DA RUMSCHLEPPST?
OH, GOTT! DAS HÄTTEST DU BESSER NICHT SAGEN SOLLEN!
HONK IST NÄMLICH TRÄGER DER SCHWARZEN SOCKE!
ZEIG'S IHM HONK!
9/22
RÜTTEL RÜTTEL
DONG DONG DONG
STAMPF STAMPF STAMPF
RUMMS
HONK LÄSST AUSRICHTEN, ER DRÜCKT NOCH MAL EIN AUGE ZU UND LÄSST DICH LAUFEN!

JA?
10/28
JA!
WER WAR DAS?
IHRE FRAU! WOLLTE WISSEN, OB SIE DA SIND!

MEIN GOTT, KALLI ... IN DIESEM EINTOPF SCHWIMMEN JA KNORPELSTÜCKE UND SCHWEINEBORSTEN!
10/29
UND?
DAS IST MEIN LEIBGERICHT! KRIEG' ICH 'NE EXTRA-PORTION?

HALT! HEPP! HEDA! ICH WILL AUCH NOCH MIT!
OH, NEIN! FRAU HOPPMANN MIT IHRER STINK-ZIGARRE! DA HALT ICH BESSER GLEICH DIE LUFT AN!
10/3
HÄHÄ ... SO LÄSST ES SICH AUSHALTEN! SCHLAU MUSS MAN SEIN!
RUCK
IST JA LUSTIG ... DER FAHRSTUHL STECKT!

ERINNERN SIE SICH NOCH AN DEN TAG, ALS ICH IHNEN SAGTE, ICH WOLLE KEINE AFFAIRE MIT IHNEN?
ERINNERN?
Bei Kalli
10/5
DAS IST SEIT DEM MEIN GLÜCKSTAG!
Bei Kalli
ICH GLAUBE, ICH HAB'S MIR ANDERS ÜBERLEGT!
Bei Kalli
PRUST
JA! HE, KALLI...ICH NEHME DIE POMMES DOCH MIT MAYO STATT MIT KETCHUP!
PUH!
Bei Kalli

ALSO, FROLLEIN LUSCH... SCHREIBEN SIE: "SEHR GEEHRTE DAMEN UND HERREN! DIE FIRMA KALUPPKE UND SOHN, TRADITIONSREICHER...
10/31
...MITTELSTÄNDISCHER BETRIEB DER METALLVERARBEITENDEN INDUSTRIE FEIERT IN DIESEN TAGEN IHR HUNDERTJÄHRIGES JUBILÄUM!
KOMMEN SIE MIT?
GE...EHR...TE...

NA, WIE IST IHR RENDEZVOUS GESTERN GELAUFEN?
HÖREN SIE BLOSS AUF! ICH KANN KAUM GEHEN!
5/19
ES SOLLTE EIN NETTER ABEND WERDEN! EIN ERSTES KENNENLERNEN! DOCH EIN BLICK LIESS DEN FUNKEN ÜBERSPRÜHEN! UND SCHLIESSLICH ROLLTEN UNSERE VOR LEIDENSCHAFT DAMPFENDEN KÖRPER DURCHS GRAS!
ER IST NICHT GEKOMMEN, STIMMT'S?
ER IST NICHT GEKOMMEN!

HEUTE HOL' ICH MIR DIE GEHALTSERHÖHUNG! DANN KANN ICH ENDLICH AUCH MAL GROSSE SPRÜNGE MACHEN!
DIREKTOR
ROAAR
HAH!
HABEN SIE WAS GESAGT?
VERDAMMT NOCHMAL! MÜSSEN SIE DENN SO EINEN KRACH MACHEN, FRAU HOPPMANN?
KLICK
ROAAR
JA!
NA, EGAL! DAS HÄLT MICH NICHT AUF! LOS GEHT'S!
ROAAR
GUTEN... HERR... ICH... ODER.. STÖRE...
AH... NEIN... BOMMEL... REIN...
ROAAR
ICH... DENN... UND... WEIL... MEHR...
DAS... DANN... SIE... WO... GUT...
OH, ENDLICH WIEDER RUHE! ALSO, WAS IST MIT MEINER BITTE?
NA KLAR! KEIN PROBLEM! KRIEGEN SIE!
ENDLICH! ENDLICH HABE ICH DIE GEHALTSERHÖHUNG!
WOZU IN ALLERWELT BRAUCHT BOMMEL IM BÜRO EINEN GARTENSCHLAUCH?

MONTAG, DER 11.11.! IN EINEM GEWAGTEN SELBST-VERSUCH SCHLUCKEN ZWEI BERÜHMTE WISSENSCHAFTLER EINE ÜBERDOSIS BUNTE SMARTIES!
11/11
DOCH DIE DOSIS WAR ZU STARK! DIE ZWEI EHRBAREN MITGLIEDER DER GESELLSCHAFT VERWANDELN SICH IN SCHIZO-PHRENE BÖSEWICHTER! SIE WERDEN ZU...
DR. BRUNO UND MR. HONK!
?
STUMP

DIENSTAG, DER 12.11.! DURCH EINE ÜBERDOSIS BUNTE SMARTIES MUTIEREN ZWEI ANGESEHENE WISSENSCHAFT-LER ZU... DR. BRUNO UND MR. HONK!
11/12
WIR SIND BEREIT, BÖSES ZU TUN! WIR SIND BEREIT, DIE ABSCHEULICHSTEN SCHANDTATEN ZU BEGEHEN!
WIR SIND BEREIT, VATIS VIDEO-SAMMLUNG MIT YOGURETTE-WERBESPOTS ZU ÜBERSPIELEN!

MITTWOCH, 13.11! DIE BEIDEN MANISCHEN SCHEUSALE DR. BRUNO UND MR. HONK LASSEN IHREN NIEDEREN INSTINKTEN FREIEN LAUF!
11/13
BESONDERS MR. HONK IST EIN ECHTER TEUFEL!
KRACH
ER FÄLLT EINEN ARGLOSEN FAMILIENVATER AN, DER SICH GERADE RASIEREN WOLLTE!
AUA!
AUA!
AU!

DONNERSTAG, 14.11.! DIE BEIDEN VON SCOTLAND YARD GEHETZTEN DÄMONE MACHEN SICH AUF DEN WEG, IHREN KRANKEN TRIEB VOLL AUSZUTOBEN!
11/14
WAS FÜR EIN TAG IM BÜRO! LAUTER BEKLOPPTE! ICH WERDE NOCH WAHNSINNIG!
GAGAGA!
HE! HE! NICHT VOR-DRÄNGELN! ICH BIN HIER DER PSYCHOPATH IN DER FAMILIE!

FREITAG, 15.11.! 99,9 PROZENT ALLER GREUELTATEN IN DIESEM HAUSHALT GEHEN AUF DAS KONTO VON DR. BRUNO UND MR. HONK!
11/15
ABER KEIN WORT DAVON IN DER ZEITUNG!
FETZ
FETZ
FETZ
WIR DIABOLISCHEN FANATIKER SIND SEHR PUBLICITYSÜCHTIG!

SAMSTAG, DER 16.11.! DR. BRUNO UND MR. HONK PLANEN DEN FINALEN VERNICHTUNGSSCHLAG GEGEN ANSTAND UND GUTE SITTEN!
11/16
ABER... WAS IST DAS? DIE WIRKUNG DER DROGE LÄSST NACH! AUS ZWEI ARG-LISTIGEN TERRORISTEN WERDEN WIEDER EIN BABY UND SEIN TEDDYBÄR!
NICHT DASS ES DA EINEN UNTERSCHIED GÄBE...

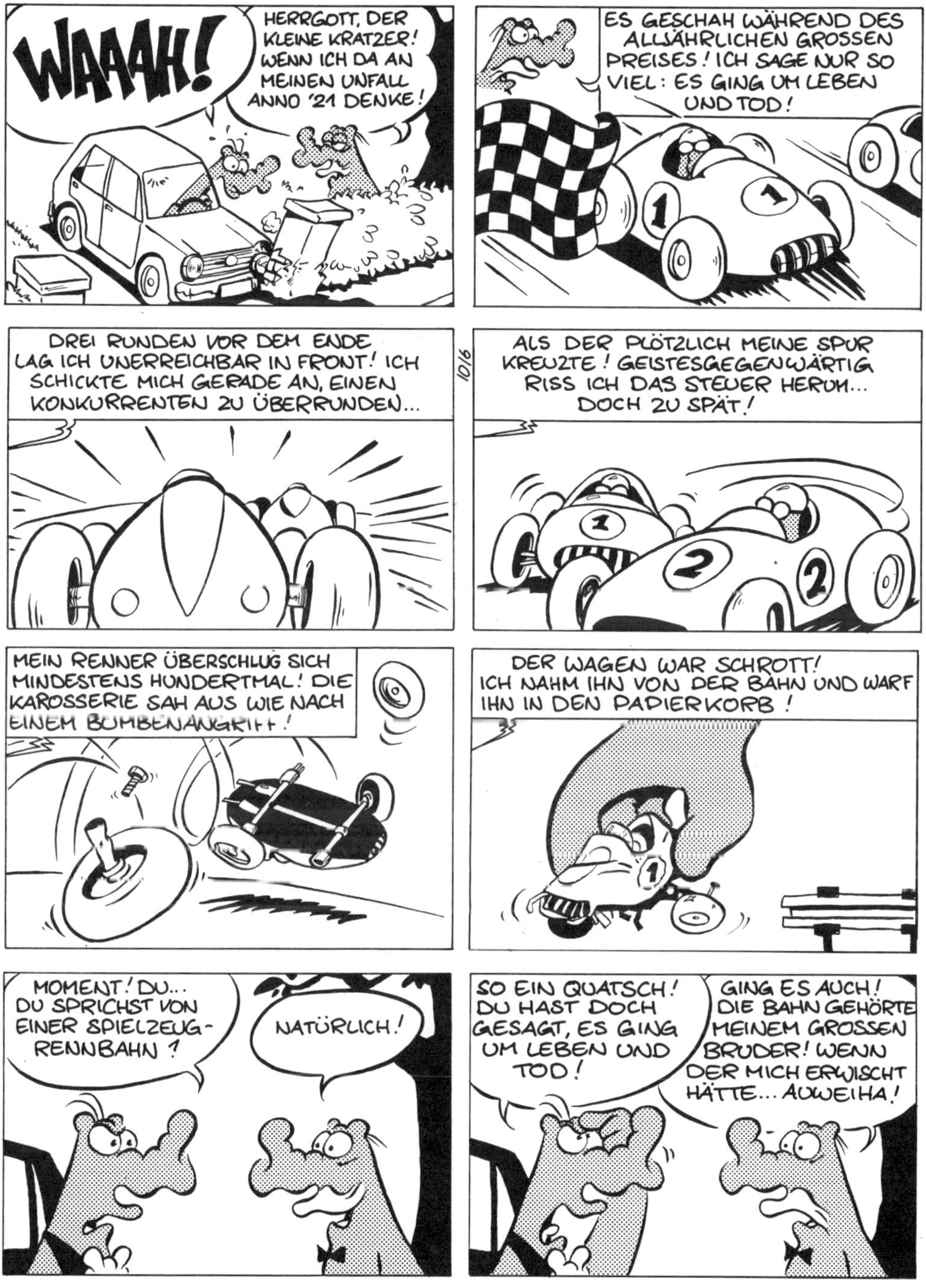
WAAAH!
HERRGOTT, DER KLEINE KRATZER! WENN ICH DA AN MEINEN UNFALL ANNO '21 DENKE!
ES GESCHAH WÄHREND DES ALLJÄHRLICHEN GROSSEN PREISES! ICH SAGE NUR SO VIEL: ES GING UM LEBEN UND TOD!
DREI RUNDEN VOR DEM ENDE LAG ICH UNERREICHBAR IN FRONT! ICH SCHICKTE MICH GERADE AN, EINEN KONKURRENTEN ZU ÜBERRUNDEN...
ALS DER PLÖTZLICH MEINE SPUR KREUZTE! GEISTESGEGENWÄRTIG RISS ICH DAS STEUER HERUM... DOCH ZU SPÄT!
MEIN RENNER ÜBERSCHLUG SICH MINDESTENS HUNDERTMAL! DIE KAROSSERIE SAH AUS WIE NACH EINEM BOMBENANGRIFF!
DER WAGEN WAR SCHROTT! ICH NAHM IHN VON DER BAHN UND WARF IHN IN DEN PAPIERKORB!
MOMENT! DU... DU SPRICHST VON EINER SPIELZEUG-RENNBAHN?
NATÜRLICH!
SO EIN QUATSCH! DU HAST DOCH GESAGT, ES GING UM LEBEN UND TOD!
GING ES AUCH! DIE BAHN GEHÖRTE MEINEM GROSSEN BRUDER! WENN DER MICH ERWISCHT HÄTTE... AUWEIHA!

GESCHICHTEN-ZEIT!
AARG
11/18
SCHNELL WEG! GLEICH FÄNGT ER AN!
NEIN! HALT! WIR MÜSSEN ZURÜCK!
ER HAT HONK ALS GEISEL!

ICH WAR DAMALS AM BODENSEE STATIONIERT! UND EINES TAGES SAH ICH AM UFER EIN BLONDES MÄDCHEN MIT LUSTIGEN ZÖPFEN...
MACH'S KURZ!
GÄHN!
11/19
SIE WAR SPLITTERNACKT UND HATTE SOOOO GROSSE...
HAT MUTTI NICHT EBEN ZUM ESSEN GERUFEN?
NEIN!
KEIN HUNGER!
BIN AUF DIÄT!

DIE ANDEREN PASSAGIERE ZITTERTEN WIE ESPENLAUB! DOCH ICH STAND AUF, BLICKTE DEN FINSTEREN GESELLEN TIEF IN DIE AUGEN UND SAGTE...
11/21
WENN IHR GEISELN NEHMEN WOLLT... DANN NEHMT MICH!
OH, GOTT! WAS GESCHAH DANN?
GAR NICHTS! SEIT WANN NEHMEN U-BAHN-SCHAFFNER GEISELN?

BRZZLL

BEVOR ICH DEINE MUTTER TRAF, WAR ICH OFT VERLIEBT! ICH DENKE DA NUR AN DAS SÜSSE DING AUS UNSERER STRASSE! EINES TAGES SAH SIE MIR IN DIE AUGEN UND HAUCHTE...
11/22
ISCH LIEBE DISCH!
KAM SIE AUS FRANKREICH?
NEIN, AUS WUPPERTAL! SIE SPRACH NUR IMMER MIT VOLLEM MUND!

1912... DIE JUNGFERNFAHRT DER TITANIC! ALS JUNGER OFFIZIER HATTE ICH DAS STEUER NUR KURZ AUS DEN AUGEN GELASSEN! DA GESCHAH DAS UNFASSBARE....
11/23
DIE TITANIC RAMMTE EINEN THUNFISCH UND SANK!
EINEN THUNFISCH? ICH DACHTE, ES WAR EIN EISBERG?
EINE ERFINDUNG VON HOLLYWOOD! DAS LIESS SICH BESSER VERMARKTEN!

DER CHEF HAT MICH RUFEN LASSEN! BESTIMMT WEGEN MEINER BEFÖRDERUNG! WURDE JA AUCH ZEIT!
HE, BOMMEL! ICH HAB' DA VORN GEBOHNERT!
SEHR SCHÖN, FRAU HOPPMANN! ICH WÜRDIGE IHREN EIFER EIN ANDERES MAL...
AAAH!
10/13
UUH!
OOH!
AAH!
RUMMS
1 2 3 4 5 6
1 2 3 4 5 6
DING
WARUM ICH BOMMEL BEFÖRDERN WILL? DAS KANN ICH IHNEN SAGEN! WEIL ER EIN AUFRECHTER KERL IST! NICHT SO EIN KRIECHER!
BLLBLLBLL

FRAU HOPPMANN, DAS MÜSSEN SIE SEHEN!
11/25
IHR BILD IST IN DER ZEITUNG!
ACH WAS?
OH... NEIN! ICH HAB' MICH GEIRRT! DAS FOTO ZEIGT EINEN VULKAN-AUSBRUCH!
SEHR WITZIG!

NOTIEREN SIE, FROLLEIN LUSCH: "AN DEN VIKAR DER DIÖZESE..."
BUCHSTABIEREN SIE BITTE!
11/26
"VIKAR" ODER "DIÖZESE"?
EINS NACH DEM ANDEREN... ERSTMAL "AN DEN"!

WELTREKORD!
HAH!
11/27
ZWOFÜNFUNDDREISSIG! SO SCHNELL WAR ICH NOCH NIE!
IST KLOSETTSCHRUBBEN EIGENTLICH OLYMPISCHE DISZIPLIN?
ES KOMMT GLEICH NACH DEM MARATHON, GLAUBE ICH!

JA, BITTE?
11/28
KEUCH! ÄCHZ! HECHEL! SCHNAUF! HÄHÄHÄ...!
HALLO, HIER BOMMEL! WER SPRICHT DENN DA?
WIRKLICH GROSSARTIG! UNSER ERSTER OBSZÖNER ANRUF...UND DU WÄHLST AUSGERECHNET **SEINE** NUMMER!

ALS ICH NOCH EIN KIND WAR, WOLLTE ICH IMMER CLOWN WERDEN!
11/29
EIN TOLLPATSCH! EIN DUMMER AUGUST, ÜBER DEN ALLE LACHEN!
ES MUSS SCHÖN SEIN, EIN GESTECKTES ZIEL ERREICHT ZU HABEN!

SIE GEHEN SCHON, FROLLEIN LUSCH?
WAS DACHTEN **SIE** DENN? DASS ICH HIER ÜBERNACHTE?
11/30
ICH BRAUCHE SIE ABER NOCH! ICH HOFFTE, SIE WÜRDEN MIR MEIN MEMO TIPPEN!
ALSO... MIT FERKELEIEN ERREICHEN SIE BEI MIR GAR NICHTS!

VIDEO
OTTO DER 10. FILM
AB 18
DOING
VIDEO
OTTO DER 10. FILM
AB 18
HÄH ?
PST !
PST... PST... PST... PST... !
WAS ? ACH SO ! NA, OKAY !
TAG !
VIDEO
ICH HÄTTE GERN DIE FILME "BLUTBAD IM SENIORENSTIFT", "DAS MASSAGE-RAUMMASSAKER" UND ... ÄH ... ACH JA ... "KUCK MAL, WER DA SCHLITZT, TEIL II" !
'WIEDERSEHEN !
VIDEO
HIER SIND DIE FILME, PARTNER !
UND HIER DIE VEREINBARTE PRÄMIE ! WENN DIE BULLEN ODER MEIN VATER FRAGEN STELLEN ... WIR HABEN UNS NIE GESEHEN !

GLOTZEN SIE NICHT SO! OKAY, ICH BIN RÜCKFÄLLIG GE-WORDEN! OKAY, ICH BIN SÜCHTIG NACH SCHOKOLADEN-ZIGARETTEN!
12/2
ABER ERZÄHLEN SIE BLOSS HONK NICHTS DAVON!
ER IST EIN MILITANTER NICHTESSER!

AAAH... ES GEHT DOCH NICHTS ÜBER EINEN TIEFEN ZUG AN EINER SCHOKOLADEN-ZIGARETTE!
12/3
ABER NATÜRLICH MACHT DIE MARKE DEN UNTERSCHIED!
ICH GEHE MEILENWEIT FÜR CARAMEL FILTER!

SCHOKOLADEN-ZIGARETTEN SIND NORMALEN ZIGARETTEN IN JEDER HINSICHT ÜBERLEGEN!
12/4
MIT EINER AUSNAHME!
SPROTZ
ES IST VER-DAMMT SCHWER, RINGE ZU BLASEN!

WARUM ICH SCHOKOLADEN-ZIGARETTEN RAUCHE? WEIL'S COOL IST! DIE PUPPEN FLIEGEN AUF SO WAS!
12/5
IIIIIIH! WIE SIEHST DU DENN AUS? ÜBERALL MIT SCHOKOLADE VERSCHMIERT! FASS BLOSS MEIN KLEIDCHEN NICHT AN! BÄH!
ALSO... **DAS** WÄR' BOGART NICHT PASSIERT!

DIESE SCHOKOLADEN-ZIGARETTEN BRINGEN MICH NOCH UM!
12/6
MEIN HAUSARZT WARNT MICH JEDESMAL...
ER SAGT, WENN ICH SO WEITERMACHE, HABE ICH HÖCHSTENS NOCH 80 JAHRE ZU LEBEN!

VERDAMMT, DAS WAR MEINE LETZTE SCHOKOLADEN-ZIGARETTE!
12/7
DAMIT KOMMEN WIR ZUM DÜSTERSTEN KAPITEL EINER JEDEN DROGENSUCHT!
DER BESCHAFFUNGS-KRIMINALITÄT!

SIE HABEN MICH RUFEN LASSEN, HERR DIREKTOR?
JA, BOMMEL! ICH ERWARTE WICHTIGEN BESUCH!
EINE GRUPPE JAPANER WILL SICH AN UNSERER FIRMA BETEILIGEN!
BOMMEL... VON DIESEN LEUTEN HÄNGT UNSER ALLER ZUKUNFT AB!
SIE MEINEN..?
GANZ GENAU! WENN DIE JAPANER NICHT INVESTIEREN, VERLIERE ICH DIE FIRMA... UND SIE DEN JOB!
10/27
DIE SOLLTEN LÄNGST HIER SEIN! SICHER EIN VERKEHRSSTAU!
ODER EIN UNFALL!
VIELLEICHT SIND SIE AUCH ABGEFANGEN WORDEN..? VON DER KONKURRENZ?!
ODER VON FREMDEN GEHEIM-DIENSTEN!
VOM KGB!
VON DEN SCHERGEN DES SADDAM!
ABEL GUTE FLAU! WIL WELDEN ELWALTET!
MIR DOCH WURSCHT! ICH HAB' HIER FRISCH GE-WISCHT... UND DA LATSCHT MIR KEINER RÜBER!
DIREKTION
BOSS

ABT. TOTGELACHT

MIR REICHT'S FÜR HEUTE! ICH GEH' NACH HAUSE!
WAS? DU WILLST NICHT SPRINGEN?
ICH HAB' EXTRA FÜR DICH EINE FISCHVERGIFTUNG ABGESAGT! WAS MACH ICH DENN JETZT?
ACH, SCHER DICH ZUM TEUFEL!
DAS KANN ICH NICHT! DER BESUCHT SEINE MUTTER IN BIELEFELD!

UND WOHIN GEHEN WIR JETZT?
WOHIN DU GEHST, WEISS ICH NICHT! ICH GEHE JEDENFALLS NACH HAUSE!
ICH MACHE MIR SORGEN! ICH BEGLEITE DICH BESSER!
ACH WAS! MIR WIRD SCHON NICHTS PASSIEREN!
DAS IST ES JA, WAS MIR SORGEN MACHT!

HIER WOHNST DU ALSO! HÜBSCHE GEGEND!
NAJA...
11/6
HAB' ICH DICH ERWISCHT, DU SCHLAMPE! TREIBST ES HIER MIT DEM BRIEFTRÄGER! NA, WARTE... EUCH WERD' ICH'S ZEIGEN!
PENG
PENG
AAARG!
ÄH...GEH' SCHON MAL VOR!...ICH HAB' DAHINTEN NOCH WAS GESCHÄFTLICHES ZU ERLEDIGEN!

SAG' MAL, ISST DU OFT DIESE FERTIGGERICHTE AUS DER MIKROWELLE?
KLAR! JEDEN TAG!
11/7
GUT! SEHR GUT!

DU SCHAUST HORROR-VIDEOS?
JA, MANCHMAL!
11/8
PRIMA! WIE HEISST DER FILM?
DIE NACHT DER REITENDEN LEICHEN!
HE! DER DA MIT DER KETTENSÄGE...DEN KENN' ICH AUS DER TANZSCHULE!

HÖR DIR DAS AN! "IN DEN ERSTEN SECHS MONATEN NIMMT DER JUNGE GRIZZLY-BÄR 40 PFUND ZU UND WÄCHST UM MINDESTENS EINEN METER!"
BREHMS TIER LEBEN
HOHO... AUSNAHMEN BESTÄTIGEN DIE REGEL!
DU BIST NOCH KEINEN ZENTIMETER GEWACHSEN, SEIT ICH DICH...
GRUMMBL
ACH, DU DICKES SCHEUNENTOR!
11/3
KRACH
HE! HE! NICHT SO STÜRMISCH!
NA, SCHÖN... DU WÄCHST! PRIMA! GUT! ALLES KLAR! ABER GENUG IST GENUG!
HILFE!
HILFE!
ICH SOLLTE VOR DEM SCHLAFENGEHEN KEINE NEGERKUSS-PIZZA MEHR ESSEN!

AM BAHNHOF IST EIN GROSSER FLOHMARKT, DA GEH' ICH MAL HIN!
SCHON RECHT, VATER!
12/9
FLOHMARKT ?
VATER, LASS DEN FERNSEHER HIER!
MIST!

DIESER FOTO-APPARAT? EIN SCHÖNES STÜCK! ER KOSTET 50 MARK!
DAS IST ZUVIEL! ICH ZAHLE IHNEN 10!
12/10
NA SCHÖN, TREFFEN WIR UNS IN DER MITTE!
ABGEMACHT! 11 MARK!
ABER... DAS IST DOCH NICHT DIE MITTE!
GROSSARTIG! 200 FLOHMARKTSTÄNDE ...UND ICH GERATE AN ADAM RIESE!

SO EINEN HELM HABE ICH AUCH MAL GETRAGEN! ICH ERINNERE MICH, ALS OB ES GESTERN WAR!
WO WAREN SIE STATIONIERT?
12/11
DAS HABE ICH VERGESSEN!
ICH DENKE, SIE ERINNERN SICH, ALS OB ES GESTERN WAR?
NA UND? WAS GESTERN WAR, HAB' ICH JA AUCH VERGESSEN!

ICH SUCHE EIN WEIHNACHTS-GESCHENK FÜR MEINEN SOHN! WAS KOSTET DAS DA?
DER ALTE KORKEN? 20 PFENNIG!
12/12
HM... DAS IST WOHL KAUM DAS RICHTIGE!
KAUM!
HABEN SIE NOCH WAS PREISWERTERES?
SIE LIEBEN IHR KIND, WAS?

WISSEN SIE EIGENTLICH, WAS SIE HIER FÜR SCHÄTZE VERKAUFEN?
12/13
MIT DIESER SCHEIBE BEGANN MEINE BEISPIELLOSE KARRIERE!
SIE SIND MICHAEL JACKSON?
PSST... WOLLEN SIE, DASS DIE FANS MICH ZERREISSEN?

MOPPEL!
WIE MEINEN?
12/14
DAS IST MOPPEL! DER TEDDY, DER IN MEINER WIEGE LAG! ICH MUSS IHN WIEDERHABEN! ICH ZAHLE JEDEN PREIS!
NEIN... SCHNIEF... DAFÜR WILL ICH KEIN GELD! SIE .. SIE KRIEGEN IHN GESCHENKT!!
NA, DAS IST ABER EINE FREUDE, DASS SIE MOPPEL WIEDERHABEN, WAS?
QUATSCH MOPPEL! DAS VIEH BRINGT UNTER SAMMLERN FÜNF BLAUE!

RUCK
HAU
HACK
ZACK
WIE WEIT IST ES DENN NOCH, BOMMEL ?
BEIM ... ÄCHZ ... SONNENUNTERGANG SIND WIR DA, HERR DIREKTOR!
UND ES GIBT WIRKLICH KEINEN LEICHTEREN WEG ?
ES WURDE NIE EIN ANDERER GEFUNDEN !
11/10
SCHNAPP
VORSICHT ! EINE FLEISCHFRESSENDE PFLANZE !
UND WENN WIR EINFACH AUFGEBEN ?
SO KURZ VOR DEM ZIEL ? NIEMALS! DIE AKTE BOHRSCHLECK MUSS ENDLICH GETIPPT WERDEN !
DA ! DA VORN IST EIN LICHT ! DAS ISTES !
ENDLICH !
HABE ICH IHNEN SCHON MAL GESAGT, DASS SIE ZU VIELE BÜROPFLANZEN HABEN, FROLLEIN LUSCH ?
HABEN SIE, HERR BOMMEL ! HABEN SIE !

DENK DRAN, FREUNDCHEN! IMMER SCHÖN BRAV SEIN! DER WEIHNACHTSMANN SIEHT ALLES... HÖRT ALLES... UND WEISS ALLES!
12/18
DER WEIHNACHTSMANN! KEIN DROLLIGER GREIS MIT WOHLTÄTIGKEITSDRANG...
SONDERN EIN VERKAPPTER STASI-AGENT?

KÖNNEN SIE SCHWEIGEN?
ICH GLAUBE SCHON....
Bei Kalli
12/17
DANN VERRATE ICH IHNEN, WAS KALLI VON MIR ZU WEIHNACHTEN KRIEGT! EINE ABWASCHBÜRSTE!
WAHNSINNIG ORIGINELL!
NICHT WAHR? DANN MUSS DER HUND NICHT MEHR DIE TELLER SAUBERLECKEN!
SPOTZ

ICH MÖCHTE EINEN WEIHNACHTSBAUM KAUFEN! WAS KOSTET DER DA?
50 MARK!
12/19
NAJA... DER IST AUCH SEHR GROSS! WAS KOSTET DIESER?
40.–
UND DER?
20.–
10.–
ICH DENKE, DANN NEHME ICH DEN DA HINTEN!
DAS IST EIN GRAS-BÜSCHEL!

AAARG! GURGEL! KREISCH HACK
12/20
DAS FRAG' ICH MICH JEDES JAHR WIEDER!
WAS SAGT SO EIN KETTENSÄGEN-KILLER, WENN DER WEIHNACHTSMANN IHN FRAGT, OB ER DENN BRAV WAR?

ICH KANN MICH GAR NICHT MEHR ERINNERN, WIE WEIHNACHTEN IN MEINER KINDHEIT WAR!
ES WAR WUNDER-WUNDERSCHÖN!
12/21
DU HAST DIE KERZEN ANGEZÜNDET, EIN GEDICHT AUFGESAGT UND PLÄTZCHEN GEGESSEN!
UND DANN HABEN WIR ZUSAMMEN DIE GESCHENKE AUSGEPACKT!
WIESO ZUSAMMEN? DU WARST ALLEIN! DEINE MUTTER UND ICH SASSEN IN DER KNEIPE!

FROHES FEST, VATER!
12/24
SCHAU NUR, WAS DER WEIHNACHTSMANN GEBRACHT HAT...
GROSS-ARTIG!
WENN DU DAS DING IN ZUKUNFT BENUTZT...KANN ICH DANN DEINEN WAGEN HABEN?

DA MAN VON MIR WIE JEDES WEIHNACHTEN GEWISSE SENTIMENTALITÄTEN ERWARTET, HABE ICH EIN KLEINES GEDICHT VORBEREITET...
LAUSCHER AUF, DU WEIHNACHTSMANN, MACH' MICH JA NICHT BLÖDE AN! RAUSCHEBART UND ROTER FRACK, SO WAS GEHT MIR AUF DEN SACK!
OB ICH BRAV WAR? DUMME FRAGE! GLAUBST DU, DASS ICH DIR DAS SAGE?
12/22
SO... DAS WÄR'S DANN, ALTES HAUS, UND NUN RÜCK DIE GESCHENKE RAUS!
WAS SAGST DU? DAS FETZT DOCH, ODER?
JA, DA HAST DU VIELLEICHT RECHT!
EIN DERART PROGRESSIVES WERK KÖNNTE SICH NEGATIV AUF DAS GESCHENKVOLUMEN AUSWIRKEN!
ALSO MAL WIEDER DAS ÜBLICHE...
ÖCHÖCH...
HÜSTEL
SÜÜÜSS!
BRABBELDABBELDU!

JETZT RATET, WAS ICH IN MEINER ALTEN KISTE GEFUNDEN HABE! DAS AHNENBUCH DER FAMILIE BOMMEL!
MANN!
12/27
KAISER, DICHTER UND NOBELPREISTRÄGER...
MEINE HERREN!
.... SIND LEIDER NICHT DABEI! ABER DER VETTER EURES URURUR-GROSSVATERS WAR DER ERFINDER DES HEIZBAREN MELKSCHEMELS!

SEIT JEHER HABEN MITGLIEDER DER FAMILIE BOMMEL GESCHICHTE GESCHRIEBEN! DAS AHNENBUCH BERICHTET ANNO 1496 VON OTTO-BALTHASAR BOMMEL...
12/28
ER WAR DER HERRSCHER VON BLACKWOOD CASTLE!
OOOH!
AAH!
ACH NEIN! MOMENT! ER WAR DER HOFNARR VON BLACKWOOD CASTLE!
ÖÖÖH!
ÖÖÖH!

DAS AHNENBUCH BERICHTET, OTTO-BALTHASAR BOMMEL WAR HOFNARR BEI KÖNIG GUNDELHERR...
EIN HOFNARR IN DER FAMILIE! WIE MAG ER WOHL AUSGESEHEN HABEN?
12/30
HIER IST EIN BILD VON IHM! GEDRUNGENE GESTALT, KRUMMER RÜSSEL, DÜMMLICHER BLICK...
BESTIMMT ZUM TOTLACHEN!
HE, WIE KOMMT DAS HIER REIN? DAS IST JA EIN FOTO VON DIR!

DIE FEIER AM HOFE WAR IN VOLLEM GANGE, ALS DER HOFNARR VOR DEN THRON TRAT UND DIE UNSTERBLICHEN WORTE SPRACH... "WORAN ERKENNT MAN, DASS DER KÖNIG SEINE MUTTI LIEBT?"
JEDES WEIHNACHTEN GEHT ER IN DEN KERKER UND LOCKERT IHR DIE KETTEN!
HAHA HAHA HAHA HAHA
WAS PASSIERTE DANN?
DAS NÄCHSTE KAPITEL HEISST: "MEINE JAHRE AUF DER STRECKBANK"

HOFNARR IST DER HÄRTESTE JOB DER WELT! EIN FALSCHER SATZ UND DU VERLIERST DEN KOPF!
NANA... SO ARG WIRD'S SCHON NICHT SEIN!
HE, IHR ZWEI... HABT IHR MEINE TOCHTER DIE PRINZESSIN GESEHEN?
MAJESTÄT MEINEN... SEIT HEUTE NACHT?
WO WAR ICH STEHENGE-BLIEBEN?
ACH, HALT DEN MUND!

WÜNSCHEN MAJESTÄT KURZWEIL? WIR KÖNNTEN EIN SPIELCHEN WAGEN!
HM... ABER KEINE DUMMEN SCHERZE, VERSTANDEN!
WAS MAJESTÄT IMMER DENKEN! NUR EIN HARM-LOSES SPIELCHEN! DER VER-LIERER BEKOMMT IHRE FRAU!
ICH KANN'S NICHT LASSEN!

ABER HERR DIREKTOR, ICH BRAUCHE DIE GEHALTSERHÖHUNG! ICH HABE DREI HUNGRIGE MÄULER ZU STOPFEN!
IST DAS MEIN PROBLEM? HIER IST DOCH KEIN WOHLFAHRTS-INSTITUT!
KALLUPPKE & S
DAS MACHT MICH WÜTEND! SO WÜTEND...!
UND JETZT AN DIE ARBEIT, BOMMEL! ICH BEZAHLE SIE NICHT FÜR'S RUMSTEHEN!
GROOAR
WAS...?
12/8
CHEF HAT BOM WÜTEND GEMACHT! DAS SCHLECHT FÜR CHEF!
ZAHLT CHEF BOM MEHR GELD? ODER MUSS BOM RICHTIG BÖSE WERDEN?
JA! JA! ICH ZAHLE! ICH ZAHLE!
KRACH
GUT FÜR CHEF!
VIELEN DANK AUCH!
GE...GE...GERN GESCHEHEN!
SAG' MAL, WAS SIEHST DU DA EIGENTLICH FÜR EINEN SCHUND?
DU HAST HULK WÜTEND GEMACHT! GROOOAR!
HM..?

GUT, DASS ICH SIE TREFFE, HERR DIREKTOR! ICH WOLLTE SIE FÜR HEUTE ABEND ZUM ESSEN EIN-LADEN!
ACH?
1/6
MEINE FRAU KOCHT UNS WAS GANZ BESONDERS FEINES!
OHA!
BEI DEN GEHÄLTERN, DIE ICH ZAHLE... WAS KANN ES DA SCHON GEBEN?

ALSO NOCHEINMAL VON VORN! ICH HABE MEINEN CHEF EINGELADEN, UM EINEN GUTEN EINDRUCK ZU MACHEN! DAS IST SEHR, SEHR WICHTIG!
1/7
ALSO KEIN RÜLPSEN BEI TISCH! KEIN MIT DEM ESSEN SPIELEN! KEIN POPEL-SCHIESSEN!
HAST DU VERSTANDEN, VATER?
JAJA...!

AHA... SIE MÜSSEN DER KLEMPNER SEIN! WURDE AUCH ZEIT!
NEIN, ICH... ÄH...
1/8
JAJA... REDEN KÖNNEN WIR SPÄTER! ERSTEINMAL WIRD DER LOKUS GE-LEERT!
ABER ICH... ICH BIN...
MEIN CHEF WOLLTE HEUTE ZUM ESSEN KOMMEN! ICH FRAGE MICH, WO ER BLEIBT!
DAFÜR IST DER KLEMPNER GE-KOMMEN!

ICH VERSTEHE NICHT, WO DER HERR DIREKTOR BLEIBT! ER WOLLTE UM 19.00 UHR ZUM ESSEN KOMMEN!
ALSO DER EINZIGE, DER GEKOMMEN IST, WAR DER KLEMPNER!
1/9
DER KLEMPNER? ICH HABE DOCH GAR KEINEN BESTELLT!
VIELLEICHT EIN KUNDENDIENST?
KAPIERST DU NICHT? DAS IST MEIN CHEF!
NATÜRLICH KAPIERE ICH! DU ARBEITEST NEUERDINGS IN DER SANITÄRBRANCHE!

WEISST DU, WER ICH BIN, MEIN KLEINER? ICH BIN DER CHEF VON DEINEM PAPI!
ICH BESITZE EINE GROSSE FABRIK MIT VIELEN ARBEITERN, DIE...
1/10
DOING
ICH KANN NICHTS DAFÜR... ABER HONK IST ÜBERZEUGTER MARXIST!

ALS SIE MICH ZUM ESSEN EINLUDEN, WAR ICH ANFANGS ZIEMLICH MISSTRAUISCH!
DIE MEISTEN, DIE MICH EINLADEN, WOLLEN NÄMLICH AM ENDE NUR EINE GEHALTSERHÖHUNG!
ALSO SO WAS...!
1/11
JA! LETZTES MAL HAT SOGAR EINER SEINEN ALTEN, KRANKEN VATER VORGESCHOBEN!
NUR UM MICH RUMZUKRIEGEN! ICH HAB' DEN MANN NATÜRLICH SOFORT GEFEUERT!
HÖRT ZU... DIE VORSTELLUNG FÄLLT AUS!
UND WOFÜR HABE ICH DIE GANZE NACHT ÄCHZEN GEÜBT?

HAHA!
HOHO!
ACHTUNG!
?
SCHMATZ! SCHMATZ!
HOHOHO!
HÄHÄ! LOS, HONK! MACH SCHON! JETZT! JETZT!
HO!
WORAUF WARTET DER KERL?
HOHOHO!
ER VERDIRBT NOCH ALLES!
BRAUCHST DU ´NE EXTRA-EINLADUNG ODER WAS?
HOHOHO!

DU HAST DIR OPAS SCHREIBMASCHINE GELIEHEN? SAG' BLOSS, DU SCHREIBST EIN BUCH! LASS MAL SEHEN....
1/13
„BRUMM BRUMM BRUMM BRUMM BRUMM BRUMM BRUMM BRUMM BRUMM BRUMM..."
KANNST DU KONSTRUKTIVE KRITIK VERTRAGEN?

"BRUMM BRUMM BRUMM BRUMM BRUMM BRUMM BRUMM BRUMM..."
WIRKLICH INTERESSANT DEIN BUCH!
1/14
ES GIBT SOGAR SCHON EINE SCHWEDISCHE VERSION? SAG BLOSS...
"BRØMM BRØMM BRØMM BRØMM BRØMM BRØMM BRØMM BRØMM BRØMM..."

DU SCHREIBST EIN KOCHBUCH FÜR GRIZZLYBÄREN? ZEIG' MAL HER...
1/15
JÄGERSCHNITZEL, BAUERNFRÜHSTÜCK, ZIGEUNERSAUCE...
SEHR ORIGINELL IST DAS NICHT! DAS SIND DOCH GANZ NORMALE GERICHTE, DIE... ...ÄH...
"...DANN ZERLEGEN SIE DEN JÄGER MIT BEIDEN PRANKEN UND LASSEN IHN IM EIGENEN BLUT KÖCHELN!"

ARMER HONK! ER IST WIEDER ÜBER DER SCHREIBMASCHINE EINGESCHLAFEN!
ABER SEIN KOCHBUCH FÜR GRIZZLYBÄREN KOMMT VORAN...
WUSSTEN SIE, DASS EIN DURCHSCHNITTLICHER GEHIRNCHIRURG 200.000 KALORIEN HAT?

EIN BUCH ZU SCHREIBEN IST KEIN PAPPENSTIEL, LEUTE!
HONK HAT WIEDER DIE GANZE NACHT DURCHGEARBEITET!
ABER ER HAT DAS FARBBAND NICHT IN DIE MASCHINE BEKOMMEN!

EBEN KAM EIN ANRUF AUS HOLLYWOOD! SIE WOLLEN DEIN KOCHBUCH FÜR GRIZZLYS VERFILMEN!
DU KRIEGST YOGI-BÄR FÜR DIE HAUPTROLLE, DAS GEHT KLAR!
ABER KIM BASINGER WEIGERT SICH, SEIN FRÜHSTÜCK ZU SPIELEN!

HUHUUUU!
HONK!
KOMM SCHON, ALTER JUNGE!
DA DRÜBEN SPIELEN FLOTTE MIEZEN SCHLITTERBAHN! DA SOLLTEN WIR...ÄH...
WAS?
1/12
DAS IST DOCH NICHT DEIN ERNST!
BIST DU SICHER?
GOTT, WIE PEINLICH!
DAS DARF MAN GAR NICHT ERZÄHLEN!
HONK'S HINTERN IST AM EIS FEST-GEFROREN!

SIE WÜNSCHEN?
GRÜSS GOTT! DER FRÜHLING STEHT VOR DER TÜR!
SCHERZ ARTIKEL
1/20
IM JANUAR?
NEIN, DAS BIN ICH... JUPP FRÜHLING! ICH BIN VERTRETER!
FREUNDE NENNEN MICH "SOMMERLE", WEIL ICH SO HEITER BIN!
MICH NENNEN FREUNDE "IDIOT", WEIL ICH TYPEN WIE SIE IN'S HAUS LASSE!
SCHERZ ARTIKEL

FRÜHLING IST MEIN NAME! ICH BIN IN SCHERZARTIKELN UNTERWEGS!
JA, ICH WEISS! ICH HAB' IHR AUTO GESEHEN!
SCHERZ ARTIKEL
1/21
HAHAHAHA!
HE, JUNGE! DER HERR VERKAUFT SCHERZARTIKEL!
NEIN, DANKE! WIR HABEN SCHON EINEN ALTEN SCHERZARTIKEL IM HAUS!

DIESE SPRITZBLUME LASSE ICH IHNEN ZUM SONDERPREIS!
JAJA... NICHT SCHLECHT! ABER HABEN SIE AUCH FURZKISSEN?
SCHERZ ARTIKEL
1/22
FURZKISSEN? DIESE WIDERLICHEN DINGER, DIE SO EIN UNAPPETITLICHES GERÄUSCH MACHEN UND NUR VON TUMBEN SCHWACHKÖPFEN BENUTZT WERDEN?
NATÜRLICH HABE ICH DIE!
DANN HER DAMIT!
SCHERZ ARTIKEL

DIESER TRICK-FÜLLER IST UNSER NEUER VERKAUFS-SCHLAGER!
WIE FUNKTIONIERT ER?
SCHERZ ARTIKEL
1/23
ALSO ERSTMAL SPRITZE ICH DIE TINTE IRGENDWO HIN!
JETZT DENKT MAN NATÜRLICH, DER FLECK GEHT NIE WIEDER RAUS!
UND WAS IST DARAN NEU?
SPRITZ
DER FLECK GEHT WIRKLICH NICHT RAUS!
GENIAL!

DER HERR VERTRETER MÖCHTE GEHEN, PAUL! SAG' IHM AUFWIEDER-SEHEN!
HM...
SCHERZ ARTIKEL
1/24
BZZZZZZZ
HAB' ICH ZUVIEL VERSPROCHEN? DIESE HANDFLÄCHEN-VIBRA-TOREN SIND GROSSE KLASSE!
ICH NEHME ALLE!

ENDLICH IST DIESER SCHERZ-ARTIKEL-VERTRETER GE-GANGEN!
MEIN GOTT, GING DER MIR AUF DIE NERVEN MIT SEINEM QUATSCH!
1/25
ICH MÖCHTE WISSEN, WER SO EINEN BLÖD-SINN KAUFT!
HIER, NIMM EINEN BONBON...
DANKE!
SPROING

ICH BIN 1000 MEILEN DURCH DIE WÜSTE GERITTEN, UM DICH ZU FINDEN, JOE!
DU HAST MEINEN BRUDER UMGEBRACHT! DU HAST MEINE MUTTER UMGEBRACHT! UND DU HAST MEINEN WHISKY GETRUNKEN!
DIESE STADT IST NICHT GROSS GENUG FÜR UNS BEIDE!
ZIEH, DU STROLCH!
PENG! PENG! PENG! PENG!
AAARG!
HÖRT MAL, DIESE KLAMOTTE IST DOCH DIE HUNDERTSTE WIEDERHOLUNG!
DER FREMDE HAT JOE UMGELEGT!
LYNCHT IHN! LYNCHT DEN FREMDEN!
JA, KOMMT NUR! ICH HABE EINE KUGEL FÜR JEDEN!
WOLLEN WIR NICHT LIEBER FERNSEHEN?
TÄTÄRÄÄÄ
DIE KAVALLERIE!

1/27
HONK, SIEHST DU, WAS ICH SEHE? DIE BLONDE ROSA-SCHLEIFCHEN-BRAUT DA DRÜBEN IM SAND-KASTEN?
OH, MANN! MIT DER MÖCHTE ICH MAL SO RICHTIG... HÄHÄHÄHÄHÄ!
ABER WER WEISS... VIELLEICHT MAG SIE GAR NICHT MURMELN SPIELEN?

1/28
ICH LIEBE DIESES MÄDCHEN, HONK! ICH KANN OHNE SIE NICHT MEHR LEBEN! GLEICH MORGEN GEH' ICH RÜBER UND SPRECHE SIE AN!
AU, VERDAMMT! ICH KANN JA NOCH GAR NICHT SPRECHEN!
OKAY, DANN GEH' ICH RÜBER UND BRABBEL SIE AN!

1/29
HÖR ZU, HONK... ICH PACKE DAS NICHT, DIE KLEINE TANZMAUS VON NEBENAN ANZUSPRECHEN! DAS MUSST DU FÜR MICH MACHEN! SAG' IHR, DASS ICH SIE LIEBE! SAG', ICH WILL EIN KIND VON IHR...
ROMMS
?
KUMPELAN-SCHEISSER!

HOLLA...ÄH...HALLO! ICH WOHNE NEBENAN UND WOLLTE FRAGEN, OB DU NICHT LUST HÄTTEST, MIT MIR...
1/30
RABÄÄH!
SCHON GUT! SCHON GUT! ICH RESPEKTIERE DAS!
DA BIN ICH ALTMODISCH!
ICH MAG MÄDCHEN, DIE NICHT GLEICH AM ERSTEN TAG MIT 'NEM KERL IN DEN SANDKASTEN STEIGEN!

SIE LIEBT MICH... SIE LIEBT MICH NICHT... SIE LIEBT MICH... SIE LIEBT MICH NICHT...
1/31
SIE LIEBT MICH... SIE...OHA!
DU MACHST MICH GANZ NERVÖS MIT DEINEM GEQUATSCHE! JETZT MUSS ICH NOCHMAL VON VORN ANFAGEN!

NUN SCHAU DIR DEN DICKEN NORBERT AN, HONK! DUMM WIE'N SACK MEHL... ABER SCHENKT MEINER VERLOBTEN BLUMEN!
2/1
WÄR DOCH GELACHT, WENN WIR DEN NICHT AUSSTECHEN!
HALLO...UFF... SÜSSE! HIER KOMMT DEIN...ÄCHZ... AUGENSTERN!

HERR DIREKTOR? SIE WOLLEN DIE BOHRSCHLECK-VERTRÄGE UNTERSCHREIBEN?
JA, DIE SIND FERTIG! ICH MUSS SIE NUR NOCH SCHNELL KOPIEREN
DIESE FRAU HOPPMANN! IMMER LÄSST SIE IHRE BOHNERMASCHINE IM WEG STEHEN!
BOHNERFIX 3000
HMMPF... ÄCHZ... IST DAS DING SCHWER! BEWEG' DICH, DU MISTDING! BEWEG' DICH!
CLIC
BOHNERFIX 3000
BROOOR
NERFIX 3000
AAAHHH
DING
FIX 3000
DIESER BOMMEL, IST DAS EIN GUTER MANN?
BOMMEL? UNBEDINGT! ENORM FLEISSIG... ICH SEH' IHN IMMER NUR DURCH DIE GÄNGE RASEN!
AAAAAHH
BOHNERFIX 3000
ZZZWUSCH

STELLEN SIE SICH VOR, BOMMEL... HEUTE NACHT WURDE KALLI S IMBISS AUFGEBROCHEN!
ACH WAS? WEISS MAN SCHON, WER ES WAR?
2/3
ES GIBT EINEN VERDACHT! GESTERN ABEND GEGEN 18⁰⁰ UHR LUNGERTE EIN AUFGEDONNERTES FLITTCHEN IM ROTEN KLEID AM IMBISS RUM!
GEGEN 18⁰⁰ UHR?
DAS WAR MEINE FRAU!
ACH JA? WIE LANGE KENNEN SIE DENN SCHON DIESE... HM... PERSON?
SIE HAT MICH VOM BÜRO ABGEHOLT!

KALLI IST VÖLLIG FERTIG! BEI DEM EINBRUCH IN SEINEN IMBISS WURDEN DIE GANZEN TAGESEINNAHMEN GESTOHLEN!
WIEVIEL WAR ES DENN?
2/4
EINE MILLION MARK!
EINE MILLION MARK TAGESEINNAHMEN MIT EINEM IMBISS?
DAS IST DIE OFFIZIELLE VERSION FÜR DIE VERSICHERUNG!
SEHR GLAUBWÜRDIG!

WAS WURDE DENN BEIM EINBRUCH IN KALLI S IMBISS NUN WIRKLICH GESTOHLEN?
NAJA... 20 MARK, DIE TELLER UND... UND... ICH KANN ES GAR NICHT SAGEN, SO SCHRECKLICH IST ES...
2/5
DAS GANZE POMMESFETT!
POMMESFETT? NA, DAS WIRD ER WOHL ÜBERLEBEN!
DAS SAGEN SIE SO! DIESES POMMESFETT WAR EIN FAMILIENERBSTÜCK! SCHON SEIN GROSSVATER HAT ES BENUTZT!

WARUM TUT DAS JEMAND? WARUM BRICHT MAN IN KALLIS IMBISS EIN?
VIELLEICHT DER RACHEAKT EINES GASTES?
2/6
KALLI GLAUBT, SIE WOLLTEN SEINE REZEPTE STEHLEN!
JA, DIE HERSTELLER VON CHEMISCHEN KAMPFSTOFFEN KÖNNTEN DARAN INTERESSE HABEN!
ICH DENKE, DAHINTER STECKT DIE MAFIA! ES GEHT UM SCHUTZGELD!
ALSO ICH WÜRDE AUCH FÜR SCHUTZ VOR DIESEM SCHNITZEL ZAHLEN!

DER EINBRUCH BEI KALLI HAT GEZEIGT, DASS EIN WEHRLOSES MÄDCHEN IN DIESER GEGEND EINFACH NICHT MEHR SICHER IST!
UND WAS HAT DAS MIT IHNEN ZU TUN?
2/7
DESHALB TRAGE ICH JETZT ZUR SELBSTVERTEIDIGUNG IMMER EINE SPRAYDOSE BEI MIR!
REIZGAS?
BESSER! MEIN DEOSPRAY! "IRISCHER WÜSTLING"... DAS HAT SCHON MANCHEN KERL FLACHGELEGT!
KEUCH!

DAS PASSIERT KALLI NICHT NOCHMAL, DAS SEIN IMBISS AUFGEBROCHEN WIRD! ER WIRD SICH IN ZUKUNFT ZU SCHÜTZEN WISSEN!
2/8
WAS MEINEN SIE, BOMMEL... WIE SOLLTE MAN DEN KERLEN ZU LEIBE RÜCKEN... MIT TRETMINEN ODER ELEKTROSCHOCKS?
WARUM VERTEILT ER NICHT SEINEN MITTAGSTISCH AN ALLE VERDÄCHTIGEN?
SO IST ES RECHT! SPOTTEN SIE NOCH ÜBER DAS ARME OPFER!

DIE PARTY KANN STEIGEN! WIR HABEN DREI KNALLHARTE HORROR-STREIFEN BESORGT!
HOFFENTLICH MIT VIEL BLUT!
VIEL BLUT? **NUR** BLUT! DIE FILME STEHEN ALLE AUF DEM INDEX!
KLASSE!
DER TYP IN DER VIDEOTHEK HAT GESCHWITZT, ALS ER UNS DIE KASSETTEN GAB!
MANN, ICH HÖRE SCHON DIE SCHREIE DER ZERSTÜCKELTEN OPFER!
2/2
HOHOHO! JA, WEN HABEN WIR DENN DA SCHÖNES!?
ICH BIN MOGLI, DAS MENSCHEN-KIND! UND WER BIST DU?
WAS'N DAS FÜR'N QUATSCH?
DAS IST DOCH NICHT "ZUCKENDE EINGEWEIDE TEIL III"!
ICH BIN BALU, DER BÄR! HOHOHO!
VERDAMMT, DA HAT EINER DIE KASSETTEN VERTAUSCHT!
ABER WER?
BAMBI, DSCHUNGELBUCH, BERNHARD UND BIANCA... JA, DAS SIND SCHÖNE FILMCHEN FÜR SO KLEINE LEUTE!
RED' DU NUR, SCHWÄTZER!
VIDEOWORLD

ZWEI KARTEN, BITTE! ICH WILL MEINEM ENKEL NÄMLICH DIE WILDEN TIERE ZEIGEN!
ZOO
4/13
DAS MACHT 24 MARK!
ICH WILL SIE IHM NUR **ZEIGEN**...ICH WILL SIE IHM NICHT **KAUFEN**!

TJA, DAS IST EIN JAGUAR!
4/14
ÜBER DEN WEISS ICH FAST NICHTS!
NUR SO VIEL: ER IST SCHNELL...
...HAT EINEN HOHEN VERBRAUCH UND MUSS OFT IN DIE WERKSTATT!
UND WENN ER HUNGER HAT FÄNGT ER SICH EINEN MITSUBISHI!!

HUCH...SCHAU NUR DIE LUSTIGEN ÄFFCHEN, PETERLE! DIE DA HINTEN MACHEN SCHLAFI SCHLAFI!
4/15
UND DIE ZWEI MACHEN HAPPI HAPPI! UND JETZT MACHEN SIE UND JETZT...ÄH... OH, GOTT!
JETZT MACHEN SIE FORTPFLANZI FORTPFLANZI!

UND **DAS** TIER KENNT DAS PETERLE AUCH, NICHT WAHR ?
4/16
DAS IST EIN OINK OINK !
JA, LECK MICH DOCH AM ARSCH ! UND ICH DUMMKOPF DACHTE, DAS WÄRE SUS SCROFA, DAS GEMEINE WILDSCHWEIN AUS DER FAMILIE DER PAAR-HUFER !

AFFENHAUS
AUSGANG
4/18
!
HERGOTT... MAN WIRD SICH JA WOHL NOCH EIN PAAR ANDENKEN MITNEHMEN DÜRFEN !!

?

HALT! NICHT BEWEGEN! BLEIBEN SIE SO! JAAAA... SIE SIND MEIN MANN!
HÄH?
WOLLEN SIE EIN STAR WERDEN? WOLLEN SIE, DASS DIE PUPPEN IHNEN DIE KLAMOTTEN VOM KÖRPER FETZEN?
ALSO ICH WEISS NICHT, WAS MEINE FRAU DAZU SAGT...
2/9
WIR DREHEN NÄMLICH GERADE "TERMINATOR 3" UND ARNOLD SCHWARZENEGGER HATTE EINEN SCHWÄCHE-ANFALL! KÖNNTEN SIE FÜR IHN EINSPRINGEN?
EIN FILM? WO SIND DENN DIE KAMERAS?
DIE SIND IM HAUS VERSTECKT! ALSO SIE SIND AUS DER ZUKUNFT GEKOMMEN, UM DIE WELT VOM EIS ZU BEFREIEN!
UND DAS IST IHRE WAFFE... EINE LASERKANONE, GETARNT ALS SCHNEE-SCHAUFEL!
RAFFINIERT!
ABER MÜSSTE ICH MICH NICHT ERST UMZIEHEN?
WOZU? WAS IST SCHON BRUTALER UND ANIMALISCHER ALS EINE UNIFORM DER DEUTSCHEN BUNDESPOST?
"VATER... DU SCHAUFELST DIE EINFAHRT FREI!", HAB' ICH GESAGT! JA, DER WEISS JETZT, WER IM HAUS DIE REGIE FÜHRT!
ACTION!
ÄCHZ!
UFF!
KEUCH!

GRÜSS GOTT, DER FRÜHLING IST WIEDER DA!
DANKE, HERR FRÜHLING, WIR HABEN NOCH KNALLFRÖSCHE VOM LETZTEN MAL!
KNALLIANZ
2/24
OH, NEIN! ICH MACHE NICHT MEHR IN SCHERZARTIKELN! ICH VERKAUFE JETZT LEBENSVERSICHERUNGEN!
ÄHNLICH SERIÖS!
ICH MEINE... STERBEN MÜSSEN WIR ALLE MAL!
ICH WEISS! ICH BIN GERADE DABEI!

ALSO, HERR BOMMEL... WENN ICH JETZT SEHR MISSTRAUISCH WÄRE, MÜSSTE ICH DENKEN, SIE HABEN GAR KEIN INTERESSE AN EINER LEBENSVERSICHERUNG!
ACH?
2/25
ICH MEINE, SIE KÖNNTEN MIR RUHIG EIN WENIG ENTGEGENKOMMEN!
WIE DENN?
ZUM BEISPIEL KÖNNTEN SIE MICH IN'S HAUS BITTEN!
HM...

BEI DIESER LEBENSVERSICHERUNG ZAHLEN SIE NUR 700 KRÖTEN IM MONAT UND WENN SIE TOT SIND, KRIEGEN SIE 100.000 MARK!
WAS SOLL ICH MIT 100.000 MARK, WENN ICH TOT BIN?
2/26
DÜRFTE ICH MAL KURZ TELEFONIEREN?
BITTE!
ZENTRALE?
DER KUNDE STELLT FANGFRAGEN!

SCHERZ ARTIKEL

BEVOR SIE DIE LEBENSVERSICHERUNG ABSCHLIESSEN, MUSS ICH IHNEN NOCH EINIGE ROUTINE-FRAGEN STELLEN! GAB ES IN IHRER FAMILIE GEISTESKRANKHEITEN?
2/27
QUAK! QUAK! DAS FROSCHMONSTER RIECHT BLUT! QUAK! QUAK!
AAAH!
GAB?
QUAK!

ES IST NIE ZU SPÄT, EINE LEBENSVERSICHERUNG ABZUSCHLIESSEN! WIE ALT SIND SIE JETZT?
90!
2/28
NATÜRLICH ERHÖHEN SICH DIE BEITRÄGE IM ALTER GERINGFÜGIG! MAL SEHEN... SIE SIND 90... DAS MACHT IM MONAT... HM... UND 3 IM SINN...
20.000 MARK!
KANN ICH DAS ÜBER DAS KONTO MEINES SOHNES LAUFEN LASSEN?
VATER!

HABE ICH DAS RICHTIG VERSTANDEN? IHRE VERSICHERUNG ZAHLT MEINEM SOHN IM STERBEFALL 100.000 MARK?
GENAU! DAS GELD ERHÄLT SEINE FAMILIE!
2/29
ABER ERST WENN ER TOT IST?
DAS IST RICHTIG!
UND WENN NUN EINER NACHHILFT? WENN IHM EINER, IRGENDEINER, DER GERN EINEN FERRARI HÄTTE, WAS IN DEN KAFFEE TUT?
VATER!

SCHERZ ARTIKEL

VERDAMMT! ES IST SPIEGELGLATT!
P
VORSICHTIG! GAAANZ VORSICHTIG!
WAH!
2/16
WAWAWAWAWAWAWA!
UFF!
HAHA!
HAH!
HERRGOTT, SIND **SIE** UNGESCHICKT!
FRISCH GEBOHNERT

ICH HABE DER KLEINEN SÜSSEN VON NEBENAN EINEN BRIEF GESCHRIEBEN, HONK! ICH HABE IHR MEINE GEFÜHLE GESTANDEN!
3/2
DAS IST DER BEGINN EINER GROSSEN LIEBE!
ODER DER BEGINN EINES BLEIBENDEN HIRNSCHADENS!
KLONK

ICH LIEBE DICH, ICH VEREHRE DICH! SAG' MIR DEINEN NAMEN, DAMIT ICH IHN IN MEIN KOPFKISSEN STICKEN KANN!
3/3
BRABBADABBELBU!
BRABBADABBELBU BOMMEL? NA... DAS KLINGT DOCH SEHR NETT!

LISA! KOMM ZU MAMA! DEIN BREICHEN IST FERTIG!
3/4
LISA? SIE HEISST GAR NICHT BRABBADABBELBU?
DANN HAB' ICH IHREN NAMEN JA GANZ UMSONST IN VATIS AUTO GEKRATZT!

SCHLEIM DICH NICHT WIEDER BEI LISA AN! DIESES GESCHENK IST VON **MIR**! DAS HAB' **ICH** MIR AUSGEDACHT! DU HAST DAMIT NICHTS ZU TUN!
3/5
EINE KLEINE AUFMERKSAMKEIT VON EINEM MANN, DER LIEBT... EIN PAKET GIRL-WINDELN BIS 6 KILO MIT DOPPELKLEBESTREIFEN UND AUSLAUFSCHUTZ!
ES WAR HONKS IDEE!

HÖRT ZU UND LERNT WAS!
RING
3/6
BUBBADU BRABBELDABBEL...
OOOH... **DU** BIST ABER EIN SÜSSER WILLST DU DIE LISA BESUCHEN? NA, KOMM MAL REIN!
MERKT EUCH DAS, GRÜNSCHNÄBEL! DER WEG ZUR LIEBSTEN FÜHRT ÜBER DAS HERZ DER SCHWIEGERMUTTER!

HALLO! ICH KAM HIER GANZ ZUFÄLLIG VORBEI UND SAH DICH BADEN... UND DA DACHTE ICH, ICH KÖNNTE VIELLEICHT AUCH...
3/7
HUCH! OH GOTT!
ICH WUSSTE NICHT, DASS DAS EIN FKK-STRAND IST!

1

ALSO, WAS IST NUN, CHEFCHEN ? KRIEGE ICH DEN BMW 730 ODER NICHT ?
GUT, FRAU HOPP-MANN ! WENN SIE DEN BMW FÜR IHRE ARBEIT BRAUCHEN, SOLLEN SIE IHN HABEN !
OTTOMAT
EIN BMW ? WOZU BRAUCHT 'NE PUTZFRAU EINEN DIENSTWAGEN ?
IST DAS WAHR, HERR DIREKTOR ? FRAU HOPPMANN BEKOMMT EINEN BMW 730 ?
DAS IST RICHTIG !
3/1
ALSO, DAS FINDE ICH UNGERECHT, WEIL ICH BIN JA SCHON VIEL LÄNGER IN DER FIRMA UND ICH HABE KEINEN BMW 730...
ABER WÜRDEN SIE SO EINEN BMW DENN AUCH BENUTZEN ?
OH JA ! OH JA ! DEN WÜRDE ICH JEDEN TAG BENUTZEN ! GANZ BESTIMMT !
DANN SOLLEN SIE IHN HABEN ! ICH WERDE IHN GLEICH BESTELLEN !
EIN PAAR TAGE SPÄTER...
MACHEN SIE HIN, BOMMEL ! UNSERE FLITZER SIND DA !
JA JA ... DER BMW 730 IST DAS BESTE, WAS DIE BOHNER-MASCHINENWERKE JE RAUSGEBRACHT HABEN ! DREI GÄNGE, VIER BORSTEN, SHAMPOONIER-AUTOMATIK...
FAHREN WIR EIN RENNEN ?
BMW 730
BMW 730

HAH!
3/9
OH, ENTSCHULDIGUNG! ICH HABE SIE GAR NICHT GESEHEN!
DANN BRAUCHEN SIE VIELLEICHT EINE BRILLE!
HERR BOMMEL! SO WAS DÜRFEN SIE ZU EINER HÜBSCHEN, JUNGEN FRAU ABER NICHT SAGEN!
WENN ICH MAL EINE SEHE, WERDE ICH DARAN DENKEN!

ICH HÖRE SCHRITTE! WER... WER IST DA?
IHRE AUGEN WERDEN JA IMMER SCHLECHTER, FRAU HOPPMANN! ICH BIN'S ...BOMMEL!
3/10
SIND SIE ES WIRKLICH, BOMMEL? PAUL BOMMEL?
JA! NATÜRLICH! ICH BIN'S! PAUL BOMMEL!
GUT! KÖNNEN SIE MIR 100 MARK PUMPEN?
NO COMPRENDO! HABLO ESPAÑOL!

HÖR ZU, QUACKSALBER! ICH BRAUCHE KEINE BRILLE! UND DER ERSTE, DER DAS BEHAUPTET, SCHLUCKT 'NEN MOP!
NATÜRLICH!
3/11
ALSO... DANN LESEN SIE MIR MAL DEN ERSTEN BUCHSTABEN VOR!
A
LMDO
PKSN
TQBE
IGRXWZ
WIESO "DEN ERSTEN"? SIND DA DENN MEHRERE?
A
LMDO
PKSN
TQBE
IGRXWZ

FIX 3000

3/12
EIN FALSCHES WORT UND IHR LEBEN ENDET HIER UND JETZT!
WIESO? DIE BRILLE STEHT IHNEN DOCH GUT!
JA, JA, ICH WEISS! ABER ICH FRAGE MICH...
WAS?
MACHT SIE MICH NICHT ZU INTELLEKTUELL?

3/13
DIE BRILLE IST 'NE WUCHT, BOMMEL! ICH SEHE PLÖTZLICH SACHEN, DIE MIR FRÜHER VERBORGEN BLIEBEN!
ZUM BEISPIEL?
ZUM BEISPIEL IHR ESSEN! DAS IST JA EINE ANSAMMLUNG VON GLITSCHIGEN SPEISERESTEN!
JA, ES IST UNGLAUBLICH!
HE, KALLI! FÜR MICH DASSELBE!

3/14
FRAU HOPPMANN! WO IST DENN IHRE BRILLE GEBLIEBEN?
ACH, BOMMEL! WOZU BRAUCHE ICH 'NE BRILLE? SCHÖN... MEINE AUGEN SIND NICHT MEHR DIE BESTEN...
...ABER ES IST JA NICHT SO, DASS ICH KAFFEE MIT MEISTER PROPPER VERWECHSLE!

BMW 730
BMW 730

DAS IST MAL WIEDER TYPISCH! ZUM FAHREN BIN ICH ZU ALT... ABER WASCHEN DARF ICH DEN WAGEN!
HM... WER SAGT DENN, DASS ICH DEN WAGEN WASCHE?
HALT! NICHT BEWEGEN! BLEIBEN SIE SO! JAAA... SIE SIND MEIN MANN!
HÄH?
3/8
WIR DREHEN HIER NÄMLICH GERADE EINEN FILM UND...
ALSO, DAS IST DOCH DIE HÖHE! FÜR WIE BLÖD HALTEN SIE MICH EIGENTLICH?
NAJA, FÜR ZIEMLICH...
GENAU DEN SELBEN TRICK HABEN SIE DOCH KÜRZLICH SCHON MAL PROBIERT!
SIE WOLLTEN MICH FÜR TERMINATOR III ALS HAUPTDARSTELLER! ICH SOLLTE MIT EINER LASER-SCHNEESCHAUFEL DIE EINFAHRT VOM EIS BEFREIEN!
DARAUF FALLE ICH NICHT ZWEIMAL REIN!
ICH SOLLTE BUCH FÜHREN, WEN ICH WANN VERARSCHE!

WEISST DU EIGENTLICH, WARUM ICH DAMALS AUS DEM ALTERSHEIM ABGEHAUEN BIN ?
WAR DIE BETREUUNG NICHT GUT ?
3/16
UNSINN ! ICH WOLLTE MEINEN LIEBLINGSSOHN WIEDERSEHEN ! MEIN BABY ! DEN STOLZ MEINER ALTEN TAGE !
DAS...DAS IST LIEB VON DIR, VATER !
NAJA ... ABER DEIN BRUDER HAT MICH NICHT AUFGENOMMEN ! UND SO BIN ICH BEI DIR GELANDET !
OH !

VATER, DARF ICH DICH ETWAS FRAGEN ?
ABER JEDERZEIT !
P
3/17
DU BIST MEIN SOHN, MEIN FLEISCH UND BLUT ! DU SOLLST MEIN SCHÜLER, ICH WILL DEIN LEHRER SEIN ! FRAGE MICH, SOHN ! FRAGE MICH UND ICH WERDE ANTWORTEN !
WO SIND DIE 5000 MARK GE-BLIEBEN, DIE MUTTER MIR HINTERLASSEN HAT ?
DAS GEHT DICH GAR NICHTS AN !

ICH FÜHLTE MICH ALS KIND MIT SO VIELEN FRAGEN ALLEIN-GELASSEN !
DU KONNTEST MIT MIR ÜBER ALLES REDEN !
3/18
NA, ICH WEISS NICHT ! ALS ICH DICH DAMALS FRAGTE, WO DIE KLEINEN BABYS HERKOMMEN...
DU BEKAMST EINE KLARE ANTWORT !
SIE KRIECHEN BEI VOLLMOND AUS OFFENEN ZAHNPASTATUBEN ?
SAG BLOSS, DAS STIMMT NICHT ! !

ES IST AN DER ZEIT, DASS ICH DIR EIN GEHEIMNIS ANVERTRAUE, DAS SEIT GENERATIONEN VON VATER ZU SOHN WEITERGEGEBEN WURDE!
DAS ERFOLGS-GEHEIMNIS DER FAMILIE BOMMEL!
3/19
EIN SPATZ IN DER HAND IST DIE LEBERWURST DES KLEINEN MANNES!
WAS BEDEUTET DAS?
DAS WEISS NIEMAND! DESHALB WAR AUCH KEIN BOMMEL JE ERFOLGREICH!

ICH HABE DICH NIE GEFRAGT, WAS DU WÄHREND DES KRIEGES GEMACHT HAST!
DARÜBER REDE ICH NICHT GERNE!
3/20
GLEICH NACH AUSBRUCH DER KÄMPFE GERIET ICH IN GEFANGENSCHAFT!
RUSSLAND? DIE HÖLLE SIBIRIENS?
HEIDELBERG, GRÜTZSTRASSE 13! MEIN NACHBAR HATTE MICH VERSEHENTLICH IM KLO EINGESCHLOSSEN!

JA, SCHAU DICH NUR UM, MEIN JUNGE! DIE BÄUME, DIE STRÄUCHER, DIE UNENDLICHEN FELDER! EINES TAGES WIRD DAS ALLES DIR GEHÖREN!
3/21
DIE LÜNEBURGER HEIDE? DAS IST DOCH QUATSCH, VATER!
ICH WEISS! ABER ICH WOLLTE DAS WENIGSTENS EINMAL IM LEBEN GESAGT HABEN!

ICH HAB' DICH ÜBERALL GESUCHT, VATER! WAS MACHST DU DENN IN DEM PAPPKARTON?
HEUTE IST SONNTAG DER 15.! ICH BLEIBE HIER DRIN, BIS DIE GEFAHR VORÜBER IST!
OH, NEIN! GEHT DER UNSINN SCHON WIEDER LOS?!
DU HAST ES NOCH IMMER NICHT BEGRIFFEN! DAS IST DER UNGLÜCKSTAG DER FAMILIE BOMMEL!
AN EINEM SONNTAG, DEN 15. TAT OMA BOMMEL SO VIEL HEFE AN DEN TEIG, DASS DIE FAMILIE OBDACHLOS WURDE!
3/15
AN EINEM SONNTAG, DEN 15. FOTOGRAFIERTE ONKEL JODOKUS DEN SAGENHAFTEN YETI... VERWECHSELTE ABER DIE KAMERA MIT DER THERMOSKANNE!
UND AN EINEM SONNTAG, DEN 15. WURDE DEIN URGROSSVATER BEIM SCHWEINEPOLO WEGEN JODELNS VOM PLATZ GESTELLT!
DU SIEHST ALSO... SONNTAG DER 15. IST EIN UNGLÜCKSTAG!
SO EIN QUATSCH! MIR IST AN DIESEM TAG NOCH NIE EIN UNGLÜCK PASSIERT!
ACH JA? ES WAR AUCH EIN SONNTAG, DER 15., AN DEM ICH AUS DEM ALTERSHEIM TÜRMTE UND BEI EUCH EINZOG!
WAS SIND DAS FÜR KRÜMEL AUF DEM BODEN?
SALZ! DU MUSST ES DIR ÜBER DIE SCHULTER WERFEN!

ABT. TOTGELACHT

NUN MACH SCHON ENDLICH ! EIN SPRUNG UND...
UND WAS ? WIE GEHT ES DANN WEITER ? WAS KOMMT DANACH..?
2/11
NAJA, ICH NEHME DEINE SEELE MIT MIR... UND DER GANZE SCHMUS !
DU NIMMST MEINE SEELE MIT ? DIE IST ABER EMPFINDLICH, MEINE SEELE ! AUF DIE MUSS MAN AUFPASSEN, AUF DIE SEELE !
SAMSONITE !
AH !

HAST DU WAS DAGEGEN, WENN ICH MAL KURZ IN DER ZENTRALE ANRUFE ?
DU HAST EIN FUNK-TELEFON ?
2/12
KLAR ! DAS HABEN ALLE AUSSENDIENSTLER !
HALLO ? HALLO ? OH, NEIN ... DAS KANN AUCH NUR MIR PASSIEREN !
WAS ?
DIE LEITUNG IST TOT !

ALSO ABGEMACHT! HEUTE REDEN WIR KEIN WORT ÜBER DEN TOD! ERZÄHL MIR WAS VON DIR...
ICH HATTE GROSSE PLÄNE! ICH WOLLTE MIT LOLA BLUMENKOHL EINEN FRISIERSALON FÜR KANARIENVÖGEL ERÖFFNEN!
2/13
UND DANN?
LOLA BRANNTE MIT EINEM U-BAHN-SCHAFFNER DURCH! SO IST DIE SACHE GESTORBEN...
APROPOS...
HE! HE! WIR HATTEN EINE ABMACHUNG!

2/14
BUH!
HAH!
ICH HAB' DICH ÜBERALL GESUCHT, NEFFE! WAS MACHST DU DENN HIER?
ER...ÄCHZ... RISKIERT EINE TRACHT PRÜGEL!

OKAY! MIR REICHTS! SCHLUSS! AUS! VORBEI! IHR WOLLT, DASS ICH SPRINGE? GUT, DANN SPRINGE ICH!
2/15
AAAH!
TJA ...DAS WAR'S DANN WOHL ENDLICH!
LEIDER NICHT! ER STECKT EINEN BALKON TIEFER MIT DEM KOPF IN'NER SAHNETORTE!

SAGEN SIE, BOMMEL... SIE WISSEN DOCH, WIR HABEN JETZT DIESEN TENNIS-PLATZ AM HAUS!
SIE ERZÄHLTEN DAVON! TOLLE SACHE!
NAJA, SONNTAG SPIELT MEINE FRAU MAL NICHT, UND DA DACHTE ICH, SIE HÄTTEN VIELLEICHT ZEIT...
ABER GERN! ICH WERDE DA SEIN, HERR DIREKTOR!
TENNISSPIELEN MIT DEM CHEF! DER ERSTE SCHRITT IN DIE OBEREN GEHALTSRÄNGE!
ICH WERDE IHN 6:0, 6:0 VOM PLATZ FEGEN! SCHLIESSLICH WAR ICH MAL JUGENDMEISTER!
3/22
AU VERDAMMT! DANN IST ER BELEIDIGT UND FEUERT MICH!
ICH LASSE IHN BESSER GEWINNEN! HAUS-HOCH!
AUCH NICHT GUT!
DANN HÄLT ER MICH FÜR EINEN VERLIERERTYPEN!
ALSO GUT... ICH HETZE IHN ERST EIN WENIG ÜBER DEN PLATZ, DANN MACHE ICH EIN PAAR LEICHTE FEHLER UND AM ENDE EINIGEN WIR UNS AUF UNENTSCHIEDEN!
ACH JA... UND DER RASEN KÖNNTE AUCH MAL GEMÄHT WERDEN!

ICH LESE GERADE EINE TOLLE GESCHICHTE, HONK... ROBIN HOOD! DAS WAR EIN EDLER GESELLE!
3/23
ER STAHL DAS GOLD VON DEN REICHEN, BEHIELT ES ABER NICHT FÜR SICH, SONDERN VERTEILTE ES AN ANDERE! WEISST DU, DAS FINDE ICH SO... WIE SOLL ICH SAGEN...
DUMM!

HIER SIND ROBIN HOOD UND SEIN TREUER GEFÄHRTE LITTLE HONK AUF IHREM WEG IN DEN SHERWOOD FOREST!
3/24
OH, NEIN... JETZT IST ES PASSIERT!
WIR HABEN UNS VERIRRT!

ROBIN HOOD UND LITTLE HONK LAUERN IM SHERWOOD FOREST, UM ES DEN REICHEN ZU NEHMEN UND DEN ARMEN ZU GEBEN!
3/25
HM... WORAN ERKENNT MAN EIGENTLICH EINEN REICHEN?
AAAAH!
MAMPF
SCHMATZ

ROBIN HOOD UND SEIN TREUER GEFÄHRTE LITTLE HONK, DIE VOGELFREIEN WEGELAGERER, HABEN SICH IM SHERWOOD FOREST VERSCHANZT!
3/26
GLEICH ERTÖNT IHR SCHLACHTRUF!
KEINE KREDITKARTEN!

WAS MUSS ROBIN HOOD DA SEHEN? DAS VOLK HUNGERT UND DER KÖNIG DES HAUSES LABT SICH AN ALLERLEI KÖSTLICHKEIT?
3/27
NICHTS DA! DIESES MAHL WIRD EINEM BEDÜRFTIGEN MUNDEN!
WAS WAR DENN DAS FÜR EIN IRRER?
KEINE AHNUNG! ABER ER HAT ERBSENSUPPE IN MEINEN HUT GEKIPPT!

TEUFEL! DER SHERIFF VON NOTTINGHAM HÄLT LADY MARIAN IN SEINER BURG GEFANGEN!
3/28
ROBIN HOOD BRAUCHT HILFE! ER SCHICKT EINE BOTSCHAFT AN DIE BESTEN SEINER BESTEN!
ZOING
ABER WIE IMMER KOMMEN NUR DIE SCHLECHTESTEN!

HALLO, SÜSSE! MEIN KUMPEL UND ICH, WIR HABEN UNS GEFRAGT, OB DU NICHT VIELLEICHT LUST HÄTTEST AUF 'NE KLEINE SPRITZTOUR ZUM ENDE DES GARTENZAUNS?
MÖB MÖB
WER STÖRT DA MEIN LIEBESLEBEN?
MÖB
MÖB
DER ANGEBER HAT MIR GERADE NOCH GEFEHLT!
MÖB
MÖB
MÖB
VERKEHRS-ROWDY! UNHOLD! ROCKER! FLEGEL!
SAG' SELBST, BABY... FÄHRST DU LIEBER IN 'NEM FLOTTEN CABRIOLET ODER IN SEINER KAPITALISTEN SCHAUKEL?
WAS?
OH, JA! KLAR! DAS IST AUCH GANZ TOLL!
ALUFELGEN, SPOILER, SPORTLENKRAD... UND DANN IST DIE BRAUT AUF DEM ÖKO-TRIP!

WEISST DU, WAS ICH MICH FRAGE?
VERGISS ES, VATER! DU DARFST **NICHT** MIT MEINEM AUTO FAHREN! **NIEMAND** WIRD MEIN AUTO FAHREN!
4/6
WENN DAS WELTALL SO RIESIG GROSS IST, MUSS ES DANN NICHT AUCH BEWOHNTE PLANETEN GEBEN? UND WISSEN DIESE AUSSERIRDISCHEN VON UNS? KOMMEN SIE UNS BESUCHEN? UND WAS WOLLEN SIE DANN AUF DER ERDE?
MEIN AUTO FAHREN?

ABERMILLIONEN PLANETEN GIBT ES DA OBEN! AUF VIELEN VON IHNEN WIRD LEBEN EXISTIEREN!
4/7
LEBEN... HÖHER ENTWICKELT, ALS ALLES WAS WIR JE SAHEN!
NICHT MÖGLICH!
NOCH HÖHER ENTWICKELT, ALS **DIESER** MANN?

ICH BIN EIN MANN DER WISSENSCHAFT! EIN NACHFAHRE VON KOPERNIKUS! NUR WER FORSCHT, DER WIRD AUCH FINDEN!
4/8
DA! DA! ENDLICH! DARAUF HABE ICH JAHRE GEWARTET!
WAS? WAS?
DIE KLEINE VON GEGENÜBER HAT VERGESSEN, DEN DUSCHVORHANG ZU SCHLIESSEN!
IMMER IM DIENST DER WISSENSCHAFT!

VIELLEICHT SIND DIE AUSSERIRDISCHEN SCHON UNTER UNS! VIELLEICHT HABEN SIE DAS AUSSEHEN VON ERDLINGEN ANGENOMMEN, UM SICH IN ARGLOSE FAMILIEN ZU SCHLEICHEN!
4/9
DAS SIND WOHL NICHT ZUFÄLLIG MARSSTAUBCRACKER AUF DEINEM TELLER?
DAS SIND ERDNUSS-FLIPS!

DAMIT WIR UNS MIT DEN AUSSERIRDISCHEN VERSTÄNDIGEN KÖNNEN, HABE ICH EIN INTERGALAKTISCHES WÖRTERBUCH BESORGT!
SEHR GUT!
4/10
ZIRP BABA PIEP KNIRPS OINK!
DAS HEISST: "SAUGT NICHT UNS AUS ... IN DER KÜCHE SITZT EIN DICKER MANN, DER SCHMECKT VIEL BESSER!"
WARTE, DAS MUSS ICH MIR NOTIEREN!

ICH HABE EBEN EINE NACHRICHT VON DEN AUSSERIRDISCHEN BEKOMMEN!
TEUFEL AUCH!
4/11
SIE KÖNNEN NICHT KOMMEN, WEIL SIE KARTEN FÜRS KATSCHUNKABALL-ENDSPIEL AUF DER VENUS HABEN! ABER SIE LASSEN SCHÖN GRÜSSEN UND BESUCHEN UNS DANN NÄCHSTES JAHR!
WENN DU BRUNO IMMER SOLCHE GESCHICHTEN ERZÄHLST, WIRD AUS IHM NOCH EIN HIRNLOSER IDIOT!
MEIN GOTT, DU HAST RECHT! ICH HAB' DIR NÄMLICH FRÜHER DIE GLEICHEN GESCHICHTEN ERZÄHLT!

MAHLZEIT!
WAS WOLLEN SIE DENN SCHON WIEDER, BOMMEL? ZWISCHEN UNS IST ALLES BESPROCHEN!
NICHT SO EILIG, CHEFCHEN! ICH SOLL IHNEN GRÜSSE AUSRICHTEN ... VON STRAPS-LOLA!
WAS ERLAUBEN SIE SICH? ICH LASSE SIE AUF DER STELLE FEUERN!!
DAS WERDEN SIE SCHÖN BLEIBEN LASSEN! SONST SCHMÖKERT IHRE FRAU MORGEN IN DIESEN HÜBSCHEN FOTOS!
OH GOTT! WOHER HABEN SIE DIE?
DAS TUT NICHTS ZUR SACHE! ALSO... KOMMEN WIR IN'S GESCHÄFT?
WAS... WAS VERLANGEN SIE?
300 MARK GEHALTS-ERHÖHUNG, EINEN EIGENEN PARKPLATZ UND DEN SCHLÜSSEL ZUR CHEF TOILETTE!
ICH... HUST... WEISS NICHT, OB DAS MÖGLICH IST!
DAS SOLLTE ES ABER BESSER! SONST BEKOMMT IHR FRAUCHEN MORGEN POST VON ONKEL BOMMEL!
NEIN! NUR DAS NICHT! ICH ZAHLE! ICH ZAHLE!
ALSO, BOMMEL ...WAS SAGEN SIE?
DAS IST DER BLÖDESTE PLAN, DEN ICH JE GEHÖRT HABE!
SOLL DAS HEISSEN, ICH HABE DIE FOTOS GANZ UMSONST GEFÄLSCHT?

2/17
OH ... VATI HAT SEINE AKTENTASCHE VERGESSEN!
HIER KOMMT DER DYNAMISCHE TOPMANAGER AUF DEM WEG IN SEINEN KNALLHARTEN JEDER-FRISST-JEDEN-JOB!
VORSICHT, FREUNDCHEN! VIELLEICHT SIND **SIE** ES, DEM ICH HEUTE DEN JOB WEGNEHME!

2/18
ICH MACHE KARRIERE! ICH BEWERBE MICH ALS VORSTANDSVORSITZENDER BEI DER DEUTSCHEN BANK!
"WELCHE AUSBILDUNG HABEN SIE?"
SESAMSTRASSE NACH DEM BUCHSTABEN "E" ABGEBROCHEN!

2/19
DER TERMINKALENDER EINER-FÜHRUNGSKRAFT IST VOLLER ALS DER BROCKHAUS!
WAS HABEN WIR DENN ALS NÄCHSTES? AHA... 12^{00} UHR GESCHÄFTSESSEN MIT MEINEM STEUERBERATER!
KANN MAN GUMMIBÄRCHEN EIGENTLICH ALS BEWIRTUNGSKOSTEN ABSETZEN?

2/20
WIR ERFOLGSORIENTIERTEN YUPPIES SCHMÜCKEN UNSERE DESIGNERBÜROS GERNE MIT GESCHMACKVOLLEN KUNSTWERKEN!
DAS, ZUM BEISPIEL, IST EINE RADIERUNG!
ICH MUSSTE JEDENFALLS STUNDENLANG RADIEREN, BIS ICH ENDLICH DIE SONNE HINBEKAM!

2/21
ALS JUNIOR-JUNIOR-JUNIOR-CHEF EINES NEGERKUSSVERZEHRENDEN BETRIEBES SCHUFTE ICH TAG UND NACHT WIE EIN PFERD!
ABER IRGENDWAS MACHE ICH FALSCH!
SCHON FÜNF TAGE MANAGER... UND NOCH IMMER KEIN MAGENGESCHWÜR!

2/22
JA, DA SCHAUEN SIE NEIDISCH, WAS? GESTERN WAR ICH NOCH EINE UNWICHTIGE NIETE WIE SIE... HEUTE BIN ICH EIN MANAGER UND KASSIERE LOCKER MEINE 5 MÜCKEN TASCHENGELD IM MONAT!
ABER DAS KÖNNEN SIE AUCH SCHAFFEN! SIE MÜSSEN NUR HART GENUG ARBEITEN UND FEST AN SICH GLAUBEN!
UND WENN SIE ES DANN GESCHAFFT HABEN... NEHMEN SIE KEINEN GRIZZLY ALS CHAUFFEUR! SIE KOMMEN NIE IRGENDWO AN!
1

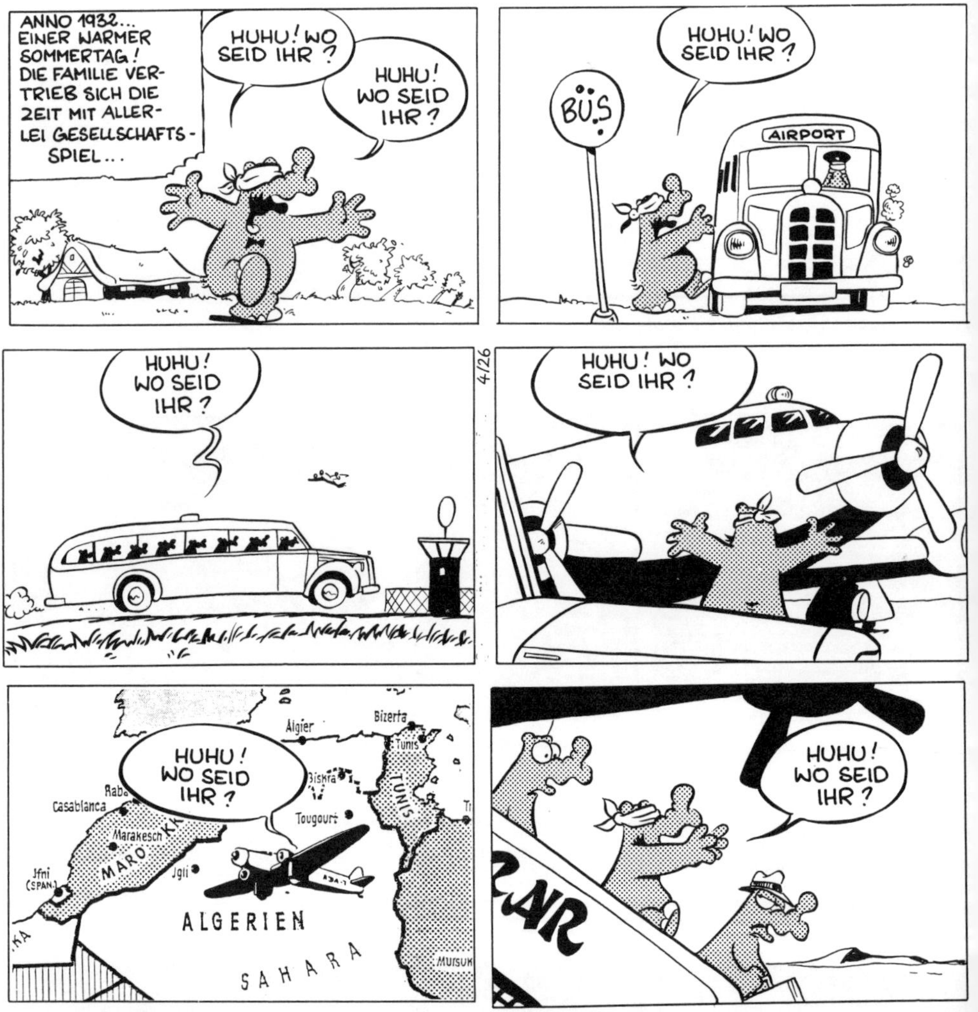

ANNO 1932... EINER WARMER SOMMERTAG! DIE FAMILIE VERTRIEB SICH DIE ZEIT MIT ALLERLEI GESELLSCHAFTS-SPIEL...
HUHU! WO SEID IHR?
HUHU! WO SEID IHR?
BUS
HUHU! WO SEID IHR?
AIRPORT
HUHU! WO SEID IHR?
4/26
HUHU! WO SEID IHR?
Algier
Bizerta
Tunis
HUHU! WO SEID IHR?
Biskra
TUNIS
Raba
Casablanca
Tougourt
Marakesch
MARO
Ifni (SPAN.)
Igli
ALGERIEN
SAHARA
Mursuk
HUHU! WO SEID IHR?
AAH... ENDLICH GEFUNDEN! ICH HAB' EUCH JA SO LANGE GESUCHT!
UND WAS PASSIERTE DANN?
FÜNF JAHRE FREMDENLEGION! DIE HÖLLE DER SAHARA! NA, SCHWAMM DRÜBER... ABER ICH HAB' NIE WIEDER "BLINDE KUH" GESPIELT!
LASST EUCH DAS EINE LEHRE SEIN!

PFUI DEIBEL! DIESE BRATWURST IST GANZ GRÜN UND STINKT WIDERLICH!
DAS IST JA AUCH KALLIS MOTTO!
4/21
WAS IST SEIN MOTTO? "ESST VERDORBENE LEBENSMITTEL"?
KALLI IST GEGEN JEDE ART VON KONSERVIERUNGS-MITTELN!
SIE MEINEN, ER BENUTZT KEINE CHEMIE?
ICH MEINE, ER HAT KEINEN KÜHL-SCHRANK!

ICH GLAUBE, ICH HATTE SCHON MEHRFACH ERWÄHNT, DASS SIE ZU VIELE BÜRO-PFLANZEN HABEN, FROLLEIN LUSCH!
4/22
NA, EGAL... BITTE SCHREIBEN SIE: "SEHR GEEHRTER HERR BOHRSCHLECK, IN BEZUGNAHME AUF IHR SCHREIBEN VOM DRITTEN DIESEN MONATS..."
KANN MAN NICHT MAL KURZ FÜR KLEINE MÄDCHEN, OHNE DASS SIE GLEICH MEINEN BENJAMINI FICCUS BELÄSTIGEN?

FROLLEIN LUSCH, NOCHMAL ZUR MORGIGEN VOR-STANDSTAGUNG! WO SOLLEN WIR DAS KALTE BUFFET BESTELLEN?
HERRGOTT, WOHER SOLL ICH DAS WISSEN?
4/23
AN KALLIS IMBISS KANN ICH IHNEN PROZENTE BESORGEN! 100 CURRYWÜRSTE ZUM PREIS VON 99!
DANKE, FRAU HOPPMANN! ABER DAS IST WOHL KAUM DAS RICHTIGE! AUSSERDEM SOLL ES EIN KALTES BUFFET SEIN!
KEIN PROBLEM! KALLIS ESSEN IST AUCH IMMER KALT WENN ES AUF DEN TISCH KOMMT!

FROLLEIN LUSCH, DER VORSTAND TAGT BEREITS! DIE ZUKUNFT DER FIRMA STEHT AUF DEM SPIEL! ICH BRAUCHE DIE BOHRSCHLECKVERTRÄGE! ES GEHT UM LEBEN UND TOD!
4/24
OKAY... WAS WAR DIESMAL FALSCH?
SIE HABEN NICHT "BITTE" GESAGT!

HÖREN SIE, BOMMEL! DER VORSTAND TAGT GERADE ÜBER DAS BOHRSCHLECK-PROJEKT! UND ICH WÜRDE GERNE IHRE MEINUNG DAZU HÖREN!
4/25
DAS BOHRSCHLECK-PROJEKT? EINE GUTE SACHE! ICH WÜRDE ES UNBEDINGT MACHEN!
DANKE, BOMMEL! DAS WOLLTE ICH WISSEN!
DIE SACHE IST GESTORBEN, LEUTE!

GRATULIERE, JUNGER MANN!
?
SIE WURDEN SOEBEN FÜR UNSER RAUMFAHRT-PROGRAMM "TIERE IM WELTALL" AUSGEWÄHLT! BITTE FOLGEN SIE MIR UNAUFFÄLLIG!
DIES IST DIE STARTRAMPE! NEHMEN SIE PLATZ UND STELLEN SIE DAS SABBERN EIN!
5/3
COUNTDOWN LÄUFT! 10...9... 8...7...6...5...4... 3...2...1...
LIFT OFF!
ZACK
OH...OH..!
SPROING
WIEDER...ÄCHZ... VIELE MILLIARDEN STEUERGELDER ZUM TEUFEL!

ICH HABE BESCHLOSSEN, MEINEN UNERMESSLICHEN ERFAHRUNGSSCHATZ DER NACHWELT ZU VERMACHEN! ICH SCHREIBE MEINE MEMOIREN!
9/23
KOMME ICH AUCH DRIN VOR?
VIELLEICHT HAST DU RECHT... EINE WITZSEITE WÜRDE DIE SACHE AUFLOCKERN!

TIP TIP TIP TIP TIP TIP TIP TIP TIP TIP TIP TIP TIP TIP TIP TIP
9/24
VATER, DA IST DOCH GAR KEIN FARBBAND IN DER MASCHINE!
ACH..?
DIE GESCHICHTE KAM MIR GLEICH ETWAS DÜNN VOR!

ENGLAND, 1948! HAND IN HAND SPAZIERE ICH MIT DER JUNGEN PRINZESSIN ELIZABETH DURCH DEN GARTEN VON WINDSOR CASTLE! "KÜSS MICH", HAUCHTE SIE PLÖTZLICH! "IMMER ZU DIENSTEN, MAJESTÄT", ERWIDERTE ICH...
TIP TIP TIP TIP TIP TIP
9/25
NEIN, DAS GEHT NICHT! ICH DARF NICHT FÜR BILLIGE EFFEKTE DIE GESCHICHTE VERFÄLSCHEN! ICH MUSS DIE WAHRHEIT SCHREIBEN!
ES WAR 1949!

TIP TIP TIP TIP TIP TIP TIP TIP TIP TIP TIP TIP TIP TIP TIP
9/26
VATER, WAS MACHST DU DENN DA?
ICH SCHREIBE MEINE MEMOIREN!
ICH BIN GERADE BEIM KAPITEL ÜBER DIE NACHT-OFFENSIVE VON 1918!

MEINE MEMOIREN WERDEN EIN KNÜLLER! HÖR DIR DAS AN..... "DIE LEIBGARDE STÜRMTE MIT WILDEN SÄBELSCHWÜNGEN AUF MICH ZU! KURZENTSCHLOSSEN SPRANG ICH DURCHS FENSTER..."
9/27
"...UND LANDETE MITTEN IM HAREM DES MAHARADSCHAS!"
OHO! UND DANN?
KAUF DAS BUCH, DU SCHNORRER!

JA, HIER BOMMEL! IST DORT DER SPIEGEL-VERLAG? ICH HAB' MEINE MEMOIREN FERTIG! 800 SEITEN EXPLOSIVEN STOFF!
9/28
ICH WILL EINEN LEDEREINBAND MIT GOLDAUFDRUCK, MEIN NAME IN GROSSBUCHSTABEN! WIR STARTEN MIT 500.000 AUFLAGE UND DIE FILMRECHTE...
WAS?
BOMMEL! B...O...M...M...E...L!

MEINE KARRIERE STECKT IN DER SACKGASSE, FRAU HOPPMANN! ICH KOMME NICHT VORAN! ALLE KOLLEGEN WERDEN BEFÖRDERT! NUR ICH NICHT!
SIE SIND EINFACH ZU WEICH, BOMMEL! SIE LASSEN ALLES MIT SICH MACHEN!
FINDEN SIE?
ALLERDINGS! NEHMEN SIE ZUM BEISPIEL DIESEN SCHWEINEFRASS, DEN MAN IHNEN SERVIERT HAT! SCHLEIMIGE KNORPELSTÜCKE AUF GESTAMPFTEN KARTOFFELSCHALEN!
MEIN GOTT, SIE HABEN RECHT!
UND DANN HAT MAN IHNEN DAFÜR AUCH NOCH ACHT MARK ABGEKNÖPFT! DAS WÜRDE ICH MIR NICHT BIETEN LASSEN!!
GENAU! MAN HAT JA SCHLIESSLICH AUCH SEINEN STOLZ!
AN IHRER STELLE WÜRDE ICH MEINEN HUT NEHMEN, DIESEN LADEN VERLASSEN UND SO SCHNELL NICHT WIEDER KOMMEN!
UND GENAU DAS WERDE ICH TUN!
PAUL BOMMEL LÄSST SICH NICHT LÄNGER BESCHUBSEN!
SCHMATZ
SCHLABBER
SCHMATZ

VOR MEINER ERSTEN SCHOKOLADENZIGARETTE BIN ICH MORGENS GAR NICHT RICHTIG DA!
5/11
ACH JA? SIE MEINEN, ICH SEI SÜCHTIG? SIE GLAUBEN, ICH BIN KAKAOABHÄNGIG?
DA KENNEN SIE ABER **DIESEN** HERRN NOCHT NICHT!

JA, ICH RAUCHE "CARAMEL FILTER"-SCHOKOLADEN-ZIGARETTEN!
5/12
IMMER? NEIN... NICHT IMMER!
ABER IMMER ÖFTER!

WAS IST LOS? NUN STELL DICH BLOSS NICHT SO AN!
5/13
HONK IST EIN FURCHTBARER GESUNDHEITSAPOSTEL! ER SAGT, ICH SOLL DIE SCHOKO-ZIGARETTEN WEGSTECKEN!
ER HAT ANGST VOR KREBS DURCH PASSIVESSEN!

OHA! DA KOMMT VATI! WENN DER MICH MIT DER LULLE ERWISCHT, DANN IST HIER ACHTERBAHN!
5/14
GLITSCH
VERSUCHEN SIE NIE, EINE SCHOKOLADEN-ZIGARETTE AUSZUTRETEN!

ICH KANN OHNE SCHOKOLADEN-ZIGARETTEN LEBEN! ICH KANN OHNE SCHOKOLADEN-ZIGARETTEN LEBEN! ICH KANN OHNE...
5/15
GAGAGA
12 SEKUNDEN! DAS WAR EIN NEUER REKORD!

SCHÖN, ICH RAUCHE SCHOKO-ZIGARETTEN! SCHÖN, ICH SCHÄDIGE DAS GESUNDHEITSWESEN UM MILLIARDENBETRÄGE! ABER DAS KRATZT MICH NICHT!
5/16
WAS MICH WIRKLICH WURMT, SIND DIESEN FIESEN TEXTE AUF DER PACKUNG!
DER GESUNDHEITSMINISTER: NASCHEN GEFÄHRDET IHRE GESUNDHEIT. EINE ZIGARETTE DIESER MARKE ENTHÄLT 6,0 GRAMM ZUCKER UND 0,1 GRAMM FARBSTOFF!

SIMSALABIM! HIER KOMMEN ZWEI BERÜHMTE ZAUBERER!
DANN ZAUBERT EUCH MAL RAUS! ICH WILL NÄMLICH LESEN!
ZUERST DEINE UHR FÜR EINE DEMONSTRATION UNSERER KUNST!
NA, SCHÖN... WENN ES DER WIEDERHERSTELLUNG MEINER RUHE DIENT!
ICH LEGE SIE AUF DEN TISCH UND DECKE SIE MIT EINEM TUCH ZU!
SEI BLOSS VORSICHTIG! DAS IST EIN ALTES FAMILIENERB...
DANN SCHLAGE ICH MIT DEM ZAUBERHAMMER DRAUF!
AAARG!
TATAAA!
SIE IST HEIL! SIE... SIE IST WIRKLICH NOCH GANZ!
VERBLÜFFEND! DA MUSS ICH DEM ALTEN HERRN JA WIRKLICH ABBITTE LEISTEN! ICH DACHTE, ER WÜRDE...
RUMMS
KLIRR
KRACH
ALSO SO VIEL STEHT FEST... MIT AUTOS FUNKTIONIERT DER TRICK NUN GAR NICHT!
IN DER TAT!

HUUUCH... BOMMEL! DA AUF IHREN SCHREIB-TISCH!
WAS DENN?
5/21
DIE ART, WIE SIE IHRE BÜROKLAMMERN GEORDNET HABEN... DA, WO ICH HER-KOMME, IST DAS EIN ALTER BRAUCH!
UND WAS BE-DEUTET DAS?
DAS IST EIN HEIRATS-ANTRAG!
HE! DAS **IST** JA GAR NICHT MEIN SCHREIB-TISCH! ICH BIN IN'S FALSCHE ZIMMER GERATEN!

WISSEN SIE, BOMMEL, ALS SIE MIR GESTERN DEN HEIRATSANTRAG MACHTEN...
ICH **HABE** IHNEN KEINEN HEIRATSANTRAG GEMACHT!
5/22
...DA HABE ICH MICH GEFRAGT: KANN DAS MIT UNS GUTGEHEN? ES GIBT SO VIELE UNTERSCHIEDE IN KULTUR, BILDUNG UND GESCHMACK!
JA! JA!
ABER ICH WILL ES WAGEN! ICH WERDE EBEN MEINE ANSPRÜCHE RUNTERSCHRAUBEN!
ZU FREUNDLICH!

IHR ANTRAG KAM ETWAS ÜBERRASCHEND! WO SOLLEN WIR DENN WOHNEN, WENN WIR VERHEIRATET SIND?
ICH **HABE** IHNEN KEINEN ANTRAG GEMACHT!
5/23
ICH DENKE, SO LANGE BIS SIE IHRE EX-FRAU AUS DEM HAUS HABEN, ZIEHEN SIE ZU MIR!
SIE **IST** NICHT MEINE EX-FRAU!
ABER EINES SAGE ICH IHNEN GLEICH: KEIN SEX, BEVOR DIE SCHEIDUNG DURCH IST!
DAS NENNT MAN DANN WOHL SCHONFRIST!

NA, BOMMEL, DA DARF MAN WOHL GRATULIEREN?
WOZU DENN?
5/25
ICH HÖRE GERADE, SIE UND FRAU HOPPMANN WOLLEN HEIRATEN?
ACH, DAS? OH, WISSEN SIE....
NATÜRLICH GIBT'S ALS HOCHZEITS-GESCHENK EINE SAFTIGE GEHALTSERHÖHUNG!
ANDERSEITS ...HERR HOPPMANN KLINGT GAR NICHT SCHLECHT!

KEINE SORGE, BOMMEL! DIE VORBEREITUNGEN FÜR UNSERE HOCHZEIT LAUFEN AUF HOCH-TOUREN! HACH...KLINGT DAS NETT! HERR UND FRAU HOPP-MANN!
MOMENT MAL! HERR UND FRAU HOPP-MANN?
5/26
ES HEISST IMMER NOCH HERR UND FRAU BOMMEL!
GOTT... WAS RED' ICH DENN DA?

SO...DIE SITZORDNUNG FÜR UNSERE HOCHZEITS-FEIER IST FERTIG! WAR EINFACH...KALLIS IMBISS HAT JA NUR EINEN TISCH!
FRAU HOPPMANN, ICH BITTE SIE...
5/27
ICH WEISS, SIE HABEN WEGEN UNSERER HOCHZEIT GEWISSE BEDENKEN! ABER ICH KANN SIE BERUHIGEN!
OH!
MUTTI WIRD DABEI SEIN! SIE KOMMT AUF BEWÄHRUNG FREI!
BUHUHU!

SCHAUEN SIE HER, BOMMEL! ICH HAB' FÜR UNSERE HOCHZEIT EXTRA DIESEN WEISSEN KITTEL GEKAUFT!
BUHUHU!
5/29
STELLEN SIE SICH NUR VOR... BALD SIND WIR EINE RICHTIGE KLEINE FAMILIE! SIE UND ICH UND DER KLEINE SCHREIHALS!
WAS? EIN BABY WOLLEN SIE AUCH NOCH?
NEIN, MEIN BRUDER! SEIN WOHNWAGEN IST ABGEBRANNT! ER WIRD DIE ERSTEN PAAR JAHRE BEI UNS LEBEN!

FRAU HOPPMANN, BITTE NEHMEN SIE VERNUNFT AN... WIR KÖNNEN NICHT HEIRATEN!
ICH WEISS, WAS SIE MEINEN! EINE RASSEFRAU WIE ICH HAT 'NEN BESSEREN VERDIENT!
5/30
UND GENAU DEN HAB' ICH GESTERN ABEND AN KALLIS IMBISS GETROFFEN! ER HEISST JUPP, IST DARMENTLEERER IM SCHLACHTHOF...
...UND KANN DREI EIER GLEICHZEITIG IN DEN MUND STECKEN!
JA, WAS HABE ICH DAGEGEN SCHON ZU BIETEN?

NOCH EINIGE SEKUNDEN BIS ZUM GROSSEN PREIS VON MONTE CARLO! HEUTE MUSS DIE ENTSCHEIDUNG UM DIE WELTMEISTERSCHAFT FALLEN!
ROOAAR
UND START!
KOPF AN KOPF-RENNEN IN DER ERSTEN RUNDE!
DOCH DANN SETZT SICH BRUNOKOWSKI AN DIE SPITZE! SEIN VORSPRUNG WIRD GRÖSSER UND GRÖSSER!
DA IST SCHON DAS ZIEL! NOCH 200 METER... NOCH 100 METER...
ABER WAS IST DAS?
SPOTZ
SPOTZ
RUMPEL RUMPEL
OH, NEIN! NICHT SCHON WIEDER!
DER MOTOR IST VERRECKT!
PUFF PUFF

ICH HABE EINE GUTE NACHRICHT, SOHN!
DU GEHST ZURÜCK IN'S ALTERSHEIM? VATER, ICH WEISS GAR NICHT, WIE...
6/1
QUATSCH ALTERSHEIM! ICH SUCHE MIR EINEN JOB! EINER MUSS JA SCHLIESSLICH GELD VERDIENEN!
ACH JA? UND WIE NENNST DU DAS, WAS **ICH** JEDEN MONAT NACH HAUSE BRINGE?
DAS WAR DEIN GEHALT? ICH DACHTE, DU HÄTTEST PFANDFLASCHEN ZURÜCKGEGEBEN!
SEHR WITZIG!

OH JA, NATÜRLICH! MILLIONEN ARBEITSLOSE... ABER MEIN ALTER VATER GLAUBT, ER FINDET EINEN JOB!
ALLERDINGS! ICH HABE NÄMLICH ETWAS, WAS DIE JÜNGELCHEN NICHT HABEN!
6/2
WAS DENN? RHEUMA?
WEISHEIT!
WEISHEIT? DAS SAGT DER MANN, DER BEHAUPTET, TUBENSENF BEDROHT DIE OZONSCHICHT!
DAS GEGENTEIL WURDE NIE BEWIESEN!

SIE SUCHEN EINEN JOB? NUN, WIR KÖNNTEN TATSÄCHLICH NOCH EINEN NACHTWÄCHTER GEBRAUCHEN!
PRIMA!
6/3
EINE GANZ LEICHTE ARBEIT! DAS KANN SOGAR EIN SENILER GREIS ERLEDIGEN!
NA, WIE FINDE ICH DENN DAS? ERST SAGEN SIE, ICH KRIEGE DEN JOB... UND NUN WOLLEN SIE IHN **SELBER** MACHEN!?

ALSO... WAS TUN SIE, WENN SIE EINE VERDÄCHTIGE PERSON AUF DEM FIRMENGELÄNDE ENTDECKEN ?
ICH BRECH' IHM DIE BEINE !
6/4
SIE FORDERN IHN ZUM STEHEN-BLEIBEN AUF !
UND DANN BRECH' ICH IHM DIE BEINE !
DANN GELEITEN SIE IHN IN'S BÜRO UND RUFEN DIE POLIZEI !
UND WANN BRECH' ICH IHM DIE BEINE ?
B

KEINE BEWEGUNG !
6/5
WAS SIND DENN SIE FÜR EIN NACHT-WÄCHTER ? SIE SIND JA MINDESTENS 80 !
WAS ERLAUBEN SIE SICH ? ICH BIN 90 !
ICH KÖNNTE IHNEN DOCH JEDERZEIT DAS BRECHEISEN ÜBERZIEHEN !
DAS SAGTE IHR KOLLEGE GESTERN AUCH ! HEUTE ISST ER AUS DER SCHNABEL-TASSE !

NACHDEM ICH DEN EINBRECHER ÜBERWÄLTIGT HATTE, MISCHTE ICH SEINE FÜNF KOMPLIZEN VOR DER TÜR AUF !
6/6
WAS FÜR KOMPLIZEN ? IN DER ZEITUNG STAND, DER MANN WAR ALLEIN !
DAS WAREN KEINE KOMPLIZEN ? ICH HATTE MICH SCHON GEWUNDERT, WARUM DIE KERLE POLIZEIUNIFORMEN TRUGEN !

VATER... ICH MUSS MICH DOCH SEHR WUNDERN! ICH HAB' EBEN DIESEN REVOLVER IN DEINER KOMMODE GEFUNDEN!
PASS BLOSS AUF! DER IST GELADEN!
ER STAMMT NOCH AUS MEINER GOLDGRÄBERZEIT! DAS WAREN HARTE SITTEN DAMALS IN NUGGET GULCH! KEIN TAG OHNE SCHLÄGEREI!
DER WILDESTE RAUFBOLD WAR EIN ZWEIZENTNER-KERL NAMENS BRUTUS! ER HATTE ES SCHON LANGE AUF MICH ABGESEHEN!
5/31
EINES TAGES KAM ES DANN ZUM UNVERMEIDLICHEN KONFLIKT....
DEINE MUTTER SITZT IM BORDELL! DEIN VATER IST EIN SÄUFER UND DEIN PFERD HEISST FRIDOLIN!
EINE GEMEINE LÜGE!... DENN MEIN PFERD HIESS OTTOKAR! ICH FORDERTE IHN ZUM DUELL, DOCH DER FEIGLING WOLLTE DIE SACHE ANDERS AUSTRAGEN... MIT RUSSISCHEM ROULETT!
ICH BEGANN! DEN LAUF MEINER WAFFE AN DEN KOPF GEPRESST, SPRACH ICH EIN LETZTES GEBET! UND DANN....
FLOP
PENG
DAS IST JA NUR EIN SPIELZEUG-REVOLVER!
NUR? DER DOKTOR BRAUCHTE DREI STUNDEN, UM DIE FAHNE AUS MEINEM OHR ZU KRIEGEN!
PENG

MACHEN WIR UNS NICHTS VOR... FRAUEN SCHAUEN SCHON AUF DAS ÄUSSERE EINES MANNES !
6/9
ICH HAB´ MICH DA GANZ GUT GEHALTEN !
ICH BIN NUN SCHON VIELE MONATE ALT... ABER ICH HABE NOCH IMMER DEN KÖRPER EINES NEUGE-BORENEN !

STUMP
6/10
STUMP
NICHT EINFACH, DEN MIEZEN IM PLANSCHBECKEN DURCH KRAULEN ZU IMPONIEREN !

WEISST DU, LISA, WENN EIN MANN UND EINE FRAU SICH LIEBEN, DANN MÜSSEN SIE IRGENDWANN ÜBER EIN WICHTIGES THEMA SPRECHEN ... DIE VERHÜTUNG !
6/11
SCHAUT NUR, IHR ZWEI ! DER LIEBE NORBERT WILL MIT EUCH SPIELEN !
DAS WAR ES, WAS ICH VERHÜTEN WOLLTE !

MAN KENNT MICH ALS RUHIGEN, BESONNENEN CHARAKTER, DER JEDE PANIKMACHE SCHEUT!
6/12
UND ES LIEGT MIR AUCH FERN, ÜBERGEWICHTIGE ANWESENDE ZU DENUNZIEREN!
ABER DER WASSERSPIEGEL IN DIESEM POOL STEIGT VERDÄCHTIG!

DAS WOLLEN WIR DOCH MAL SEHEN, WER LÄNGER UNTER WASSER BLEIBEN KANN!
6/13
DAS WOLLEN WIR DOCH MAL SEHEN, WER LÄNGER DIE LUFT ANHÄLT!
DAS WOLLEN WIR DOCH MAL SEHEN, WIE LANGE DIE... ÄCHZ ... FEUERWEHR BRAUCHT, MICH... ÄCHZ ... WIEDERZU-BELEBEN!

FÜR DREI TAGE... DAS MACHT NEUN MARK, DER HERR!
PFOTEN HOCH! ICH HABE EINE GUMMIPFEIL-PISTOLE... UND ICH WEISS SIE ZU BENUTZEN!
ZEIG MAL HER, WAS HAST DU DENN DA SCHÖNES?
6/7
"OTTO, DER AUSSERFRIESISCHE!" JA, SO SIEHST DU AUS!
AAAAH... DAS IST SCHON BESSER! "DER GUMBO MEUCHELT MEINE MUTTI, TEIL III!"
PLATZ DA!
PLOP!
...SONST SCHIESS ICH MIR DEN WEG FREI!
VIDEOTHEK
NUN FAHR SCHON! JEDEN MOMENT KÖNNEN DIE BULLEN AUFTAUCHEN!
1

GO FOR GOLD!
HAH!
6/15
DAS IST UNSER SCHLACHTRUF! DIE JUNGS UND ICH FAHREN ZUR OLYMPIADE UND HOLEN GOLD IM EUMELZOCKEN!
ICH WUSSTE GAR NICHT, DASS EUMELZOCKEN AUCH OLYMPISCHE DISZIPLIN IST!
WIESO "AUCH"? GIBT ES NOCH ANDERE?

KLASSE! WIRKLICH KLASSE! DA WILL ICH DIE GOLDMEDAILLE IM EUMELZOCKEN GEWINNEN... UND NUN FÄLLT MEIN DOPPELPARTNER AUS!
WAS IST PASSIERT?
KALL
6/16
EIN KOMPLIZIERTER BRUCH!
ARM ODER BEIN?
JUWELIER KLOPPMEIER! JOCKEL HAT ZWEI JAHRE OHNE BEWÄHRUNG GEKRIEGT!

ALSO, ICH WEISS NICHT, OB ICH DER RICHTIGE ERSATZMANN FÜR IHR TEAM BIN!
KLAR SIND SIE! WIR BEIDE GEWINNEN! GO FOR GOLD, BOMMEL!
6/17
EUMELZOCKEN IST IM GRUNDE GANZ EINFACH! ES IST EINE MISCHUNG AUS SCHACH UND SUMORINGEN!
SIE MEINEN, MAN BRAUCHT DIE KRAFT EINES SCHACHSPIELERS UND DAS HIRN EINES SUMORINGERS?
HE... SIE LERNEN SCHNELL!

RÜBE!
KLÖHNSCHNACK!
HINTERMANN!
KNORPEL!
GIMPEL!
DINGDONG!
6/18
BANZAI!
AAH!
KONZENTRIEREN SIE SICH, BOMMEL! BEIM EUMELZOCKEN IST NACH GIMPEL **IMMER** BANZAI!
ES WAR MIR ENTFALLEN!

GUTE NACHRICHT, BOMMEL! WIR HABEN EINEN SPONSOR! KALLI BELIEFERT DAS EUMELZOCK-OLYMPIATEAM MIT POMMES FRITES!!
HM... UND WAS MÜSSEN WIR DAFÜR TUN?
6/19
GAR NICHTS! WIR MÜSSEN NUR EIN *"ESST BEI KALLI!"*-T-SHIRT TRAGEN!
GUT!
UND BEIM EINMARSCH IN'S STADION SCHWENKEN WIR JEDER 'NE CURRYWURST!
VERGESSEN SIE'S!

SIE LEGEN SICH LANG, BOMMEL! WISSEN SIE, WAS ICH EBEN ERFAHREN HABE? EUMELZOCKEN **IST** GAR KEINE OLYMPISCHE DISZIPLIN!
WER DENKT DENN SO WAS!
6/20
ICH WERDE ALSO NICHT NACH BARCELONA FAHREN! ICH WERDE KEINE GOLDMEDAILLE GEWINNEN!
DAS TUT MIR LEID!
AUS DER TRAUM VON DEN WERBEVERTRÄGEN FÜR DAMENUNTERWÄSCHE!

EINES TAGES IRGENDWO IM FERNEN OSTEN...
LINGELING!
SONY
6/14
TAXI
5000 MARK FÜR EINE PIZZA! MUSSTEST DU SIE UNBEDINGT BEI LANG TSU IN SHANGHAI BESTELLEN?
GLAUB' MIR... NUR DA KANN MAN SIE WIRKLICH ESSEN!

ABT. TOTGELACHT

GUTEN MORGEN! ICH DACHTE, ICH HOL' DICH BESSER AB...SONST PASSIERT DIR NOCH WAS, OHNE DASS ICH DABEI BIN!
ZU FREUNDLICH!
5/4
NICHTS ZU DANKEN! HÜBSCHE WOHNUNG, WIRKLICH! WAS ZAHLST DU MIETE?
470 MARK KALT!
WIESO DAS DENN? DU BIST DOCH NOCH GAR NICHT KALT!

ICH HAB' KEINE ANGST VOR DEM STERBEN! NUR VOR DEM TEUFEL!
JAJA... MEIN SCHWAGER IST EIN ZICKIGES KERLCHEN!
5/5
ABER ES MUSS DOCH EINE WAFFE GEGEN IHN GEBEN! VIELLEICHT EIN KRUZIFIX ODER SO...
THUNFISCH-PIZZA!
THUNFISCH-PIZZA?
DU KENNST DOCH DIE REDENSART: ER MEIDET DIE ARBEIT WIE DER TEUFEL DIE THUNFISCH-PIZZA!

ICH WILL DICH JA NICHT DRÄNGEN, ABER DIE ZEIT FÜR EINEN SPRUNG IST GÜNSTIG! WIR HABEN UNSERE ANGEBOTS-WOCHE!
5/6
ANGEBOTSWOCHE? HAHAHA! WIE LAUTET DENN DAS ANGEBOT? SPRING JETZT, STIRB SPÄTER?
DU HAST UNSERE FERNSEHWERBUNG GESEHEN, NICHT WAHR?

DAS DARF DOCH NICHT WAHR SEIN! ER IST WEG! ER IST OHNE UNS GE-SPRUNGEN!
5/8
BERTRAM FINKELSTOCK!
GENAU! DER WILDERT SCHON LANGE IN UNSEREM REVIER! DER HAT UNS DEN KLIENTEN WEGGE-HOLT! DER HAT DIE PRÄMIE KASSIERT!!
HAHAHA! HE, IHR ZWEI! ICH STEH' HEUTE EINEN STOCK HÖHER!
PUUH! DU HAST NERVEN! SPASSE NIE MIT DER PROVISION EINES AUSSEN-DIENSTLERS!!

DAMIT DU BESCHEID WEISST... ICH BIN NICHT SO EIN LASCHMANN WIE MEIN ONKEL! ICH WILL NICHT EWIG SENSENMANN BLEIBEN!
5/9
ICH WILL KARRIERE MACHEN! ICH WERDE FORTBILDUNGSKURSE BESUCHEN! UND EINES TAGES BIN ICH DANN GANZ UNTEN!
DU MEINST GANZ OBEN!
GANZ UNTEN! ICH HAB MIR SCHON VISITENKARTEN DRUCKEN LASSEN!
FRIDOLIN MÜCKENBURG HÖLLENFÜRST

BUS
WAS SOLL DAS DENN WERDEN, WENN ES FERTIG IST?
ICH BIN AUFGESTANDEN, UM IHNEN PLATZ ZU MACHEN!
6/21 © OTTIFANT
UND WARUM, WENN ICH FRAGEN DARF?
NAJA ... MACHT MAN DOCH SO, WENN ALTE LEUTE ZUSTEIGEN!
ALTE LEUTE? ICH BIN NICHT ALT, ICH BIN ERST 90!
SOLL ICH IHNEN MEINE PICKELCREME LEIHEN?
AUCH NOCH FRECH WERDEN! HINSETZEN! ICH BRAUCHE DEINEN PLATZ NICHT!
ABER ICH MUSS HIER RAUS!
SITZENBLEIBEN! SITZENBLEIBEN, SAGE ICH!
HILFE! HILFE!
SCHALTEN WIR NUN WIEDER ZUM RATHAUSPLATZ, WO EIN 90JÄHRIGER MANN EINEN JUNGEN ALS GEISEL ...
LIEBLING!!
ICH WOHNE HIER NICHT MEHR!

6/22
UFF! ICH HAB' SO EIN STECHEN IN DER BRUST!
OH, GOTT! EIN HERZINFARKT !!
UND SO EIN DRÜCKEN HIER IM BAUCH!
OH, GOTT! EIN MAGENGESCHWÜR!
ICH MUSS MICH SCHONEN! ICH FAHRE BESSER MIT DEINEM WAGEN ZUM BOWLINGTURNIER!
OH, GOTT! EIN TRICK!

6/23
JA, HERR DOKTOR... MEIN VATER KLAGT ÜBER SCHMERZEN IN DER BRUST! ICH FÜRCHTE, ES IST EIN HERZINFARKT!
ES IST GAR NICHTS!
ER WOLLTE NICHT, DASS ICH SIE ANRUFE!
WARUM AUCH? ICH BIN GESUND!
STIMMT! ER IST EIN ALTER NARR, DER NICHT ZUGEBEN KANN, DASS ER KEINE 17 MEHR IST!
GAR NICHT WAHR!
FINGER WEG, BRUNO! DAS IST MEIN SKATEBOARD!

6/24
DER ARZT IST UNTERWEGS, VATER! WIE... WIE FÜHLST DU DICH?
SOHN... ES GEHT ZU ENDE! BITTE LASS MIR JETZT MEINEN FRIEDEN!
WAS SAGST DU DENN DA? ES GEHT NICHT ZU ENDE!
BESTIMMT NICHT!
NATÜRLICH TUT ES DAS! ES LÄUFT SCHON DIE VERLÄNGERUNG! ALSO VERSCHWINDE VON DER GLOTZE!
TOR TOR

DER ARZT WAR DA, ABER VATER HAT IHN AUS DEM HAUS GEJAGT!
TRAGISCH! ER FÜGT SICH SEINEM SCHICKSAL!
6/25
NUN LIEGT ER DEN GANZEN TAG AUF DEM SOFA UND SCHREIBT!
TAPFERER, ALTER MANN ...ER MACHT SEIN TESTAMENT!
NILPFERDART MIT DREI BUCHSTABEN..?

MACH DIR KEINE SORGEN, SO SCHNELL STIRBT DEIN ALTER OPA NICHT!
ABER WENN DOCH... IRGENDWANN MAL... DANN SOLLST DU EINES IMMER WISSEN...
ICH KOMME ALS ZOMBIE ZURÜCK!
SAG' "GROSSES EHRENWORT"!

VATER, DU SOLLTEST DOCH NICHT AUF-STEHEN!
WARUM DENN NICHT? MIR KANN GAR NICHTS PASSIEREN! HÖR DIR DAS AN...
6/27
IM ALTER VON 90 JAHREN STERBEN NUR 0,1 PROZENT ALLER MÄNNER!
DAS IST NATÜRLICH EIN ARGUMENT!
HE! WENN ICH ERSTMAL 140 BIN, DANN STERBE ICH GAR NICHT MEHR!

BRIEFTASCHE RAUS! ES IST FÜR EINEN GUTEN ZWECK!
EINE SAMMLUNG? FÜR WEN DENN?
HERR RÜBENGRIFF AUS DER BUCHHALTUNG IST GEGEN EINEN BAUM GELAUFEN! WIR SAMMELN FÜR SEINE BRIEFTAUBEN, DIE JA NUN WAISEN SIND!
WIE TRAURIG!
SPÄTER...
EINE MILDE GABE FÜR DEN KANTINENKOCH! ER WURDE HEUTE VOM GESUNDHEITSAMT VERHAFTET!
ACH WAS?
6/28
NOCH SPÄTER...
PFÖRTNER KUHBIER HAT SICH DAS HOLZBEIN GEBROCHEN!
UND....
HE, BOMMEL! ICH SAMMELE FÜR...
NEIN! KEINE SAMMLUNG MEHR! KEIN PFENNIG MEHR! KEIN BOMMEL MEHR!
OHA! NA, SIE MÜSSEN ES JA WISSEN!
HERZLICHEN GLÜCKWUNSCH, CHEFCHEN! DIES GEBURTSTAGS-GESCHENK IST VON UNS ALLEN!
ICH MEINE ... VON FAST ALLEN!
ICH BIN GERÜHRT! ALS DANKESCHÖN GIBT'S EINE GEHALTSERHÖHUNG FÜR ALLE! ICH MEINE... FÜR FAST ALLE!

OHA! DIESEN TROPENHUT TRUG ICH DAMALS WÄHREND ...ÄH... WÄHREND...
EINER EXPEDITION DURCH DEN URWALD?
6/29
JA! GUTE IDEE! ICH MEINE... GENAU, IM URWALD! WIR SUCHTEN NACH... NACH...
EINER VERSUNKENEN STADT?
RICHTIG! MANN, WAR DIE VERSUNKEN! WIR FANDEN SIE IN... IN...
SCHLIMM GENUG, DASS WIR UNS DEINE GESCHICHTEN ANHÖREN MÜSSEN! MÜSSEN WIR SIE AUCH NOCH ERFINDEN?

DER BERÜHMTE FORSCHER PROFESSOR HONKMANN UND SEIN TREUER GEHILFE BRUNO GRABEN IN DER WÜSTE NACH VERSUNKENEN STÄDTEN!
6/30
DA! EINE SCHAUFEL! DIE ÜBERRESTE EINER PRIMITIVEN LEBENSFORM!
UND DA KOMMT DER BESITZER!

DIESER ALTE PAPYRUS WIRD UNS ZUR GRABKAMMER DES PHARAOS FÜHREN! ICH VERLESE JETZT SEINEN 4000 JAHRE VERBORGENEN INHALT!
7/1
SCHWEIN OHNE KOPF HEIRATET NONNE IN WUPPERTAL!
ENTWEDER DIES IST GAR KEIN ALTER PAPYRUS ODER DAS ALTE ÄGYPTEN IST DIE MEISTÜBERSCHÄTZTE KULTUR ALLER ZEITEN!
WILD
SCHWEIN OHNE KOPF HEIRATET NONNE IN WUPPERTAL

DAS MUSS SIE SEIN! DIE GRABKAMMER DES PHARAOS!
7/2
WELCHE KOSTBARKEITEN MAG SIE VERBERGEN? GOLD? SCHMUCK? EDLE GEWÄNDER?
ODER LEBENDE JOGHURTKULTUREN IN EINEM ÖKOLOGISCH BEDENKLICHEM, PLASTIKBECHER!

DIE SONNE BRENNT ÜBER DER SAHARA! DER VERSTAND DER BEIDEN GRABRÄUBER MACHT WINKEWINKE!
7/3
DA! DAS WAR ZU ERWARTEN!
EINE VATIMORGANA!

DIE BEIDEN GRABRÄUBER HABEN SICH IN DIE WÜSTE GEFLÜCHTET! ABER SIE HABEN KEIN WASSER, JEDE SEKUNDE WERDEN SIE VERDURSTEN!
7/4
DOCH WAS IST DAS? EINE OASE!
HE, BOMMEL! IHR BESCHRÄNKTER STAMMHALTER SÄUFT DAS PLANSCHBECKEN MEINER TOCHTER AUS!
GERETTET! GERETTET!
GLUCK GLUCK

MIT OPA IN DEN ZOO! JA, DAS IST EIN RIESENSPASS, NICHT WAHR!?
PLATZ DA... ICH SCHLAG 'NEN PURZELBAUM!
ZWEI KARTEN BITTE! ABER KEINE SENIOREN-ERMÄSSIGUNG... ICH BIN NÄMLICH ERST 90!
WAS SIE NICHT SAGEN!
UND NICHT WIEDER FLAMINGOS BEISSEN, HÖRST DU!
SOLL ICH DIR SAGEN, WARUM GIRAFFEN EINEN SO LANGEN HALS HABEN? DAMIT SIE IN DER SCHULE GUT AB-SCHREIBEN KÖNNEN!
PRAKTISCH!
DAS IST EIN LAMA! WEISST DU, WAS PASSIERT, WENN MAN SIE ÄRGERT?
DANN ZEIGEN SIE KARTENKUNST-STÜCKCHEN!!
ALSO, SCHWER ZU SAGEN! WOHL SO 'NE ART AFFE!
GOTT, IST DER HÄSSLICH!
EINE GRAUSAME LAUNE DER NATUR!
UND HIER HABEN WIR... ÄH... DA IST...
TJA...
WIRF IHM EINE ERDNUSS ZU... VIELLEICHT BEWEGT ER SICH DANN!

GUTEN TAG! JUPP FRÜHLING! VERTRETER FÜR DIES UND DAS UND NOCH VIEL MEHR!
ICH WAR SCHON MAL DA! ERINNERN SIE SICH AN MICH?
JA!
MIST! DAS HATTE ICH BEFÜRCHTET!

IHRE LEIDEN HABEN EIN ENDE, HERR BOMMEL!
ZWEI TROPFEN HIERVON UND IHR DURCHFALL IST VERSCHWUNDEN!!
ICH **HABE** ABER KEINEN DURCHFALL!
KEIN PROBLEM! KEIN PROBLEM!
ZWEI TROPFEN DAVON UND SIE KRIEGEN WELCHEN!

ICH WEISS, WAS SIE DENKEN! DER FEHLT NOCH IN IHREM HAUSHALT, NICHT WAHR?
IST EIN SONDERANGEBOT! SCHLAPPE 200 MARK!
ABER SO VIEL GELD HABE ICH NICHT!
KEIN PROBLEM! UNSER MOTTO LAUTET: "KAUF JETZT, ZAHL SPÄTER"!
WANN SPÄTER?
SAGEN WIR 18^{00} UHR?

SCHERZ ARTIKEL

DIESES RASIER-WASSER IST EIN ECHTER LADYKILLER! HIER PROBIEREN SIE MAL!
HM...
7/8
ES HÖRT AUF DEN SINNLICHEN, BETÖRENDEN NAMEN...
SPOTZ
RATTENTOD?
HOPPLA! FALSCHE FLASCHE!
AAAH!
AUA!
* DAS BRENNT! * DAS * BRENNT!

IHR SOHN IST EIN ZIEMLICH SCHWIERIGER KUNDE!
WÜRDE ICH SO NICHT SAGEN! ER IST EIN ELENDER GEIZHALS!
7/9
DA SIND SIE GANZ ANDERS, WAS? AUFGESCHLOSSEN, RISIKOBEREIT...
HE! HE! ICH LASSE MIR AUCH NICHT JEDEN SCHUND ANDREHEN!
NATÜRLICH NICHT! ÜBRIGENS...HIER IST DER MÜSLI-ENTKERNER, DEN SIE BESTELLT HATTEN!
ENDLICH!

DER "RASEN EX GTi" IST KEIN GEWÖHNLICHER RASENMÄHER! WOLLEN SIE IHN AUSPROBIEREN?
KLAR!
7/11
NA, HABE ICH ZUVIEL VERSPROCHEN?
NEIN, NEIN... DER HAUT WAS WEG!
ROOOAR
ABER JETZT WOLLEN WIR ES MAL IM GARTEN PROBIEREN!

DA KOMMT ER!
GUTEN MORGEN, CHAMP!
ALLES KLAR?
KAFFEE?
HIER... FRISCHE BRÖTCHEN!
ZEITUNG GEFÄLLIG?
WIE FÜHLST DU DICH?
GROSSARTIG! ICH KÖNNTE BÄUME AUS-REISSEN!
HEUTE ODER NIE! SCHNELL, UNSER SCHLACHTRUF!
7/12
GEHALTSERHÖHUNG!
UND LASS DICH NICHT UNTERKRIEGEN!
KEINE SORGE!
DU HAST ES VERDIENT!
IMMER DRANBLEIBEN!
DU SCHAFFST ES!
AUFGEPASST, WELT! HIER KOMMT PAUL BOMMEL!!
HEUTE IST SONNTAG!

TJA, FROLLEIN LUSCH... DAS COMPUTERZEITALTER MACHT AUCH VOR KALUPPKE UND SOHN NICHT HALT!
7/13
ABER ES LOHNT SICH! DIESES WUNDERDING KÖNNTE GLATT EINEN MITARBEITER ERSETZEN!
AH... BOMMEL! WIR HABEN GERADE VON IHNEN GESPROCHEN!

WAS'N DAS?
EIN COMPUTER! EINE RECHENMASCHINE! VERSTEHEN SIE? FÜR BUCHHALTUNG! SEHR KOMPLIZIERT!
7/14
HM... ICH HAB' DEN GLEICHEN! ABER MIT 68030 CPU UND 80 MEGABYTE FESTPLATTE!
SIE HABEN EINEN COMPUTER? WOZU DAS DENN?
ICH SPEICHERE DAMIT DIE ADRESSEN DES MEISTER PROPER-FANCLUBS!
STRENG WISSENSCHAFTLICH, ALSO!

KOMMEN SIE MIT DEM COMPUTER ZURECHT, FROLLEIN LUSCH?
ICH BIN JA NICHT BLÖD!
7/15
MAN BRAUCHT JETZT KEIN TIPP-EX MEHR, FROLLEIN LUSCH!
DAS HÄTTEN SIE MIR ABER AUCH SAGEN KÖNNEN!

ICH HOFFE, SIE KÖNNEN DEN NEUEN COMPUTER BEDIENEN, BOMMEL?
HERR DIREKTOR! SIE SCHERZEN WOHL!
7/16
MAN NENNT MICH AUCH "MISTER TECHNIK"!
DAS, MISTER TECHNIK, WAR DER KNOPF FÜR DIE SPRINKLER-ANLAGE!
OH!

SEIT WIR DIESEN COMPUTER IM BÜRO HABEN, FÜHLE ICH MICH SO ÜBERFLÜSSIG... SO ZWEITKLASSIG!
ICH WERDE DIR MAL EINE GESCHICHTE ERZÄHLEN!
7/17
NEW YORK, BRONX! PLÖTZLICH STEHT EIN ZWEIMETERKERL VOR MIR UND SAGT: "DU HAST MEIN REVIER BETRETEN! DAS KOSTET DICH DEIN LEBEN!" DARAUF ICH: "GUT! AKZEPTIEREN SIE KREDITKARTEN?"
UND WAS HAT DAS MIT MEINEM PROBLEM ZU TUN?
GAR NICHTS! ICH WOLLTE NUR MAL WIEDER EINE GESCHICHTE ERZÄHLEN!

SEIT ICH DIESEN NEUEN COMPUTER IM BÜRO HABE, IST NICHTS WIE ES VORHER WAR!
RING!
7/18
ES IST SICHER QUATSCH, ABER IRGENDWIE... IRGENDWIE FÜHLE ICH MICH VON IHM ÜBERWACHT!
DER COMPUTER IST DRAN! DU HAST VERGESSEN, DAS LICHT AUSZUMACHEN!

SAG MAL, COLUMBUS HAT DOCH AMERIKA ENTDECKT?
JA!
UND EDISON HAT DIE GLÜHBIRNE ERFUNDEN?
JA!
WAR MOZART EIN GENIE?
JA!
UND BEETHOVEN TAUB?
JA!
SIND FLIEGENPILZE GIFTIG?
JA!
IST DER HIMMEL BLAU?
JA!
UND WASSER NASS?
JA!
KRIEGE ICH HEUTE ABEND DEINEN WAGEN?
NEIN!
MIST! ER IST SCHLAUER, ALS ICH DACHTE!

IST DA DAS OLYMPISCHE KOMMITEE? ICH MÖCHTE EINEN ATHLETEN MELDEN!
ER HEISST HONK!
7/20
IN WELCHER DISZIPLIN?
NA, IN ALLEN!
UND BESTELLEN SIE KATRIN KRABBE: WIR SEHEN UNS AM ZIEL, BABY!

DIE GRÖSSTEN CHANCEN AUF EINE GOLDMEDALLIE HAST DU BEIM TENNIS! ICH WERDE DIR MAL ZEIGEN, WAS AUF DEM PLATZ DAS WICHTIGSTE IST...
7/21
BETRUG!
SCHIEBUNG!
SCHWEINEREI!
MECKERN!

SOOO... UND JETZT IN DEN OFEN!
7/22
?
NUN, ATHLET HONK... MIT WELCHER BEGRÜNDUNG HABEN SIE DEN SAUNA-GANG UNTERBROCHEN?

KARATE IST VOR ALLEM EINE FRAGE DER SCHNELLIGKEIT! GREIF MICH MAL AN! GREIF MICH AN!
FAUST
7/23
FAUST
KLONK
SCHNELL... ÄCHZ... BIST DU! ABER DEINE TECHNIK...

MACH DIR NICHT IN'S FELL! WER BEI OLYMPIA DIE GOLDMEDALLIE GEWINNEN WILL, BRAUCHT EINEN HARTEN SPARRINGSPARTNER!
7/25
ABER AUCH ER WIRD EINE SCHWACHE STELLE HABEN! SCHLAG IHM EINFACH AUF... SCHLAG IHM AUF...
SCHLAG IHM AUF'S HIRN!

NOCHMAL DIE TAKTIK FÜR DEN MARATHON! DIE ERSTEN 40 KILOMETER LÄSST DU ES LANGSAM ANGEHEN, ABER DANN...
1
7/24
WAS? JA, KLAR!
ICH DENKE SCHON, DASS DU VOR DEM START MARZIPANKUGELN ESSEN DARFST!
HONK HAT ANGST, IN EINEN DOPINGSKANDAL VERWICKELT ZU WERDEN!

JULI 1992, BEGINN DER OLYMPISCHEN SOMMER-SPIELE
DIE ATHLETEN BEZIEHEN DAS OLYMPISCHE DORF
DANN BEGINNEN DIE WETTKÄMPFE! MAN MISST SICH IM WEITSPRUNG...
7/26
... IM RÜCKENSCHWIMMEN...
...UND IM DRESSUR-REITEN
ERFOLG AUF GANZER LINIE...
SIEG! SIEG! SIEG!
WAS? OH, NEIN!
DOPINGKONTROLLE!

DAS WIRD ABER NICHT EINFACH, OPA DAS BEIZUBRINGEN!
WO IST DAS PROBLEM? ICH SAG'S IHM UND DAMIT BASTA!
7/27
HÖR ZU, VATER! WIR FAHREN AN DIE SEE! DU BLEIBST HIER UND PASST AUF DAS HAUS AUF!
PRIMA! DA KANN ICH ENDLICH MAL IN RUHE DEN CHEMIEBAUKASTEN AUSPROBIEREN!
!!
OCH... UND ICH MUSS **WIRKLICH** MITKOMMEN?

WIE LANGE FAHREN WIR DENN NOCH?
7/28
ICH HAB' HUNGER!
ICH MUSS MAL!
JEDEN URLAUB DASSELBE!

DONNERWETTER! WELCH EIN PRACHT-EXEMPLAR!
7/29
EIN TOTER DOSENFISCH! SCHEINT EIN RAUHER BURSCHE GEWESEN ZU SEIN!
ER IST TÄTOWIERT!
Pupsi Cola

VATER, WAS ZUM HENKER MACHST DU DA MIT DER MILCH?
NA, WAS WOHL? WIR FÜTTERN DIE IGEL!
7/31
IGEL FÜTTERN? IM WASSER? DU VERKALKST AUCH IMMER MEHR! GIB MIR SOFORT...
AU! AUA! AU!
PUTT PUTT PUTT! KOMM, KLEINER IGEL! PUTT PUTT!

DAS NENNEN SIE EIS?
7/30
DA WO ICH HERKOMME, SIND DIE KUGELN DICK WIE MELONEN UND DIE WAFFELN SO GROSS WIE SCHULTÜTEN!
DA, WO ICH HERKOMME, STECKT MAN SENILE KNACKER IN'S ALTERSHEIM!
OKAY, DAS WAR'S! JETZT WIRD DIR MEIN SOHN MAL MANIEREN BEIBRINGEN!

ÄCHZ!
WAS HABEN SIE?
8/1
RÖCHEL! KEUCH! SCHNAUF!
SCHNELL! EINE MUND-ZU-MUND-BEATMUNG!!
NA, VATER... WIEDER DIE GUTE, ALTE SCHLAGANFALL-NUMMER?
VERSCHWINDE!

DAS WIRD ABER NICHT EINFACH, OPA DAS BEIZUBRINGEN!
WO IST DAS PROBLEM? ICH SAG'S IHM UND DAMIT BASTA!
7/27
HÖR ZU, VATER! WIR FAHREN AN DIE SEE! DU BLEIBST HIER UND PASST AUF DAS HAUS AUF!
PRIMA! DA KANN ICH ENDLICH MAL IN RUHE DEN CHEMIEBAUKASTEN AUSPROBIEREN
!!
OCH... UND ICH MUSS **WIRKLICH** MITKOMMEN?

WIE LANGE FAHREN WIR DENN NOCH?
7/28
ICH HAB' HUNGER!
ICH MUSS MAL!
JEDEN URLAUB DASSELBE!

DONNERWETTER! WELCH EIN PRACHTEXEMPLAR!
7/29
EIN TOTER DOSENFISCH! SCHEINT EIN RAUHER BURSCHE GEWESEN ZU SEIN!
ER IST TÄTOWIERT!
Pupsi Cola

7/31
VATER, WAS ZUM HENKER MACHST DU DA MIT DER MILCH?
NA, WAS WOHL? WIR FÜTTERN DIE IGEL!
IGEL FÜTTERN? IM WASSER? DU VERKALKST AUCH IMMER MEHR! GIB MIR SOFORT...
AU! AUA! AU!
PUTT PUTT PUTT! KOMM, KLEINER IGEL! PUTT PUTT!

7/30
DAS NENNEN SIE EIS?
DA WO ICH HERKOMME, SIND DIE KUGELN DICK WIE MELONEN UND DIE WAFFELN SO GROSS WIE SCHULTÜTEN!
DA, WO ICH HERKOMME, STECKT MAN SENILE KNACKER IN'S ALTERSHEIM!
OKAY, DAS WAR'S! JETZT WIRD DIR MEIN SOHN MAL MANIEREN BEIBRINGEN!

8/1
ÄCHZ!
WAS HABEN SIE?
RÖCHEL! KEUCH! SCHNAUF!
SCHNELL! EINE MUND-ZU-MUND-BEATMUNG!!
NA, VATER... WIEDER DIE GUTE, ALTE SCHLAGANFALL-NUMMER?
VERSCHWINDE!

HÄHÄHÄ ... JETZT IST ES AUS, LEUTE!

Ottos Ottifanten

OTTIFANTEN 4
„Grizzlys vertragen nichts!“

Die Ottifanten feiern ihre bisher größte Party! Alle sind eingeladen und bringen ihre verrücktesten Geschichten mit: Baby Bruno wird Nichtraucher und stellt fest, daß Sex phosphatfrei ist. Honk frühstückt den dicken Norbert und kämpft mit Killermotten. Opa entpuppt sich als Elvis Presley und erfindet den Zebrastreifen. Frau Hoppmann spielt Eumelzocken und strippt bei „Tutti Frutti“. Kurzum: Ein Buch für die ganze Familie . . . solange es nicht die eigene ist!

144 S., Paperback, s/w, DIN A 5, DM 19.80

Die Ottifanten heben ab!

48 Seiten, Hardcover, 4-farbig, DIN A 4, DM 19.80

Im "GROSSEN FARBSONDERBAND NR. 1" geht es ordentlich zur Sache. Klein Bruno, Honk und Co. feiern eine kunterbunte Party, bei der kein Auge trocken, kein Fettnäpfchen ungetreten bleibt. Und alles soooooooooo schön bunt!

GUNTER BAARS
ULLY ARNDT
Larry
1
TOTAL VERROCKT!
Mozart